오르막과 내리막,
그것이 삶이라는 것을
받아들인다면

이 책에 실린 모든 사진은 Unsplash에 공유된 작가들의 작품입니다.
작가들의 이름은 사진이 수록된 순서대로, 아래와 같습니다.

Fazel Mehrad, Karsten Wurth Inf, Hach Le Dinh, Steinar Engeland, Jeremy Bishop, Pawel Nolbert, Matt
Hoffman, Raphael Schaller, Ryan Holloway, Artur Rutkowski, Samuele Errico Piccarini, Alex Simon,
Thomas Griesbeck, Ben White, Stefan Steinbauer, Pascal Muller, Matt Palmer, Andrew Neel, Shttefan,
John Salzarulo, A Fox, Sarah Dorweiler, Aaron Burden, Amy, Daria Sukhorukova, Adrian, Picseli, Casey
Horner, Brady Bellini, Brandon Wong, Austin Walker, Sam Ferrara, Evan Kirby, Azrul Aziz, Steven
Kamenar, Craig Whitehead, Samuel Zeller

현존하는 세계 최고의 위빠싸나 명상 구루, 잭 콘필드의 마음수업

오르막과 내리막, 그것이 삶이라는 것을 받아들인다면

잭 콘필드 지음 / 정경란 옮김

The Art of Forgiveness, Lovingkindness and Peace

있는 그대로 놔두세요

있는 그대로 받아들이세요

있는 그대로 그냥 사랑하세요

한ㄹ

차례

오르막과 내리막,
그것이 삶이라는 것을
받아들인다면

02 사랑

오르막과 내리막,
그것이 삶이라는 것을
받아들인다면

소중한 당신에게 초대장을 드립니다.
용서와 사랑, 평화에 이르는 한 장의 초대장을요.

용서와 사랑은 세계를 변화시키는
놀라운 힘을 지니고 있습니다.
그리고 당신이 어디에 있든, 무엇을 하든
절대로 변하지 않는 사실이 하나 있죠.
바로 마음속 평화는 언제나 가능하다는 것입니다.
이 사실을 잊지 마세요.

나이가 많든 적든, 남자든 여자든,
누구나 용서와 사랑을 알 수 있습니다.
이 책은 아주 간단하고도 분명하게
당신 마음속에 깃든 사랑을 가꿀 수 있도록 도와줄 거예요.

내면의 사랑을 키우는 일,

시대를 막론하고 인간이 깨쳐야 할 지혜입니다.

깨달은 자 붓다는 이렇게 말했습니다.

　　증오는 증오로 극복되지 않는 법.

　　오직 자비만이 증오의 마음을 치유할 수 있느니.

　　．이것이야말로 영원히 변치 않는 진리이다.

그러나 우린 어떤지요.

너무나 자주 갈등에 휩싸입니다.

마음의 평화는 쉽게 깨지고 모든 것이 어지럽기만 합니다.

길은 보이지 않고 평화는 어둠 속에서 길을 잃고 맙니다.

가족, 직장 동료, 이웃, 국가 역시

분노와 두려움으로 고통스러워합니다.

서로에게 이르는 길을 몰라 헤매고 있습니다.

고통에서 빠져나갈 출구를 그리도 애타게 찾아다니지만

길은 희미하기만 합니다….

하지만, 하지만 말이에요.

아무리 어렵고 절망스런 상황일지라도 희망은 있습니다.

그 어떤 벼랑 끝에서도 우리 마음이

자유로울 수 있다는 것이지요.

죽음의 포로수용소.

가스실로 먼저 향한 사람들이 있었다.

죽음을 향해 천천히 발을 떼던 그들.

그런데 그중 몇몇은 사지로 향하면서 자신에게

남아 있던 빵 한 조각을 다른 사람에게 건네주었다.

죽음 앞에서도 빵 한 조각을 건네며

타인을 위로하던 그 광경을 아직도 잊을 수가 없다.

그 순간 그들이 보여준 모습은

너무나도 명징한 하나의 증거였다.

폭력이 아무리 모든 것을 다 빼앗아간다 해도

결코 인간의 마지막 자유만큼은

빼앗아갈 수 없다는….

심지어 죽음으로 위협한다 할지라도

우리의 영혼만큼은
결코 빼앗아갈 수 없습니다.

우리의 영혼과 정신만큼은

결코 빼앗아갈 수 없다는 명백한 증거였던 것이다.

빅터 프랭클 Victor E. Frankl

용서와 사랑은

결코 감상적이거나 나약한 것이 아닙니다.

용서와 사랑은 용기가 있어야 비로소 빛을 냅니다.

또한 용서와 사랑은 우리가 그처럼 애타게 찾던

평화를 가져다줍니다.

참된 사랑은 나약한 마음을 위한 것이 아니다.

메허 바바Meher Baba

01
용서

불교 경전에서는 인간을 부를 때

'고귀하게 태어난 자^{Nobly Born}'라고 합니다.

왜 그럴까요?

모든 사람은 붓다의 아들딸이기 때문입니다.

그러니 당신 내면 깊숙이 자리한

지혜와 선善을 의심하지 마세요.

우리의 내면 깊숙한 곳에 자리한 지혜는

진리를 잘 가려낼 줄 안답니다.

물론 마음은 혼란스러울 때가 더 많고

두려움에 떠는 때도 있을 겁니다.

하지만 무엇이 옳은 것이고, 무엇이 사랑이며,

무엇이 아름다운 것인지 아는 마음은

누구에게나 깃들어 있음을 잊지 마세요.

사람은 누구나 고귀한 성품을 지니고 있습니다.

단지 그것을 모르고 있을 뿐이지요.

정말 놀라운 일이다.

자신이 쓸모없는 사람이 아니라

고귀한 성품을 지니고 있다는 사실을 깨닫는 것이

그토록 힘들다니.

로버트 존슨 Robert A. Johnson

당신의 내면을 눈 밝게 들여다보세요.

안으로 들어갈수록 더욱더 자유롭고, 더욱더 자비로우며,

더욱더 말간 의식을 만나게 될 것입니다.

우리는 분노와 탐욕,

두려움의 감정들 때문에 괴로워합니다.

그런 감정들로부터 벗어나고자 하지만 쉽지 않습니다.

영원히 그런 감정에 묻혀 살 수밖에 없을까요?

마음으로부터 분노와 탐욕,

두려움의 족쇄를 푸는 일이 불가능하다면

나는 애초에 그 족쇄를 푸는 법을

가르치지 않았을 것이다.

붓다

분노, 비난, 갈등, 후회는 두려움을 먹고 자랍니다.
우리를 두려움의 손아귀로부터 자유롭게 해주는 것은
바로 용서하는 마음입니다.

분노, 비난, 갈등, 후회는 두려움을 먹고 자랍니다.

염려하고 두려워하면 몸은 긴장되고 마음은 위축되지요.

결국 두려움의 노예가 되는 겁니다.

두려움은 우리의 눈을 가립니다.

지혜가 설 수 없게 만들고 말지요.

우리를 두려움의 손아귀로부터 자유롭게 해주는 것은

바로 용서하는 마음입니다.

너그럽게 바라보고 지혜 속에서 안식할 수 있게 해주는 것,

그것이 바로 용서입니다.

기쁨과 자비 안에 기거하라.

설령 증오하는 원수들과 같이 있을지라도.

기쁨과 강녕 안에 기거하라.

설령 병든 자들과 함께 있을지라도.

기쁨과 평화 안에 기거하라.

설령 세상이 어지러울지라도.

내면을 들여다보고 온유함에 기거하라.

두려움과 집착을 벗어던질 때,

진리가 그대 곁에 기거할 것이다.

붓다

우리에게 남아 있는 시간은 얼마 되지 않습니다.
하지만, 아직도 우리는
증오심과 두려움 속에 갇혀 살고 있습니다.

그렇다면 어디서부터 시작해야 할까요?

어디서든 시작할 수 있습니다.

두려움과 증오를 내려놓는 방법은

언제라도 배울 수 있습니다.

우리는 모두 평화, 사랑, 용서 안에서 쉴 수 있습니다.

늦은 때란 없으니 자신을 탓하진 마세요.

자기 안의 자비로움을 깨우기 위해 필요한 것은

시간과 연습뿐입니다.

그러니 이제라도 그 첫걸음을 떼보세요.

사랑과 용서가 얼마든지 가능하다는 사실을
아는 것만으로는 충분하지 않습니다.
그것을 삶속에서 실천하는 길을 찾아야 합니다.

우리가 아직 자유롭지 않다는 것,
그것은 사실이다.
우리는 이제 막 자유로울 수 있는
자유를 얻었을 뿐이다.

넬슨 만델라Nelson Mandela

용서는 인간이 지닌 모든 덕목 가운데
가장 소중한 것입니다.

치유의 과정에는 항상

용서가 필요합니다.

그러니 용서를 알아볼 수 있는

지혜가 있어야겠지요.

어떻게 용서를 실천할 것인지,

어떻게 자신은 물론 다른 이들까지

용서할 수 있을 것인지 배워야 합니다.

그래야 용서가 가능하답니다.

그렇다면 용서란 과연 무엇일까요.

그것은 과거의 고통과 배반을 내려놓는 일입니다.

우리가 무겁게 짊어지고 다니는

증오와 고통의 봇짐을 벗어놓는 일,

그것이 용서입니다.

용서야말로 인간이 지닌 덕목 중

최고로 고귀한 것입니다.

우리가 길을 잃을 때마다

다시 사랑의 길로 인도하는 것도 바로 용서입니다.

용서는 공격을 멈추게 하고,

남을 해치려는 마음을 다독여줍니다.

친구 사이에, 이웃 사이에, 국가 사이에

용서를 실천하세요.

어느 순간, 분노의 자리를 채우기 시작한

자유를 느낄 수 있을 겁니다.

용서가 없는 세상.

상상이나 할 수 있을까요?

용서가 없다면 참기 힘든 세상이 될 겁니다.

저마다의 삶에는 족쇄가 채워지고 고통을 내려놓는 일은

도저히 불가능해지겠지요.

한때 전쟁 포로였던 두 사람이

이런 이야기를 주고받았다고 합니다.

"당신은 당신을 포로로 잡아 가두었던 그 사람을 용서했소?"

"용서라뇨? 어떻게 그 작자를 용서할 수 있겠소?"

"그렇다면 당신은 아직도 그의 포로인 셈이군. 안 그렇소?"

그렇습니다.

자신에게 고통을 준 사람을 용서하지 않는다면

그 고통의 굴레에서 벗어날 수 없습니다.

당신은 어떠한지요?

아직도 과거의 끔찍한 고통에서

벗어나지 못하고 있진 않은가요?

정작 당신에게 고통을 안겨주었던 그는

느긋하게 휴가를 즐기고 있을지도 모르는데 말입니다.

증오하고 미워하는 일 자체가 또 다른 고통입니다.

그러니 증오를 내려놓으세요. 용서를 실천하세요.

그러지 않으면 미움으로 고통을 해결할 수 있다는

거짓된 환상을 벗어던지지 못할 겁니다.

용서하세요.

그래야 당신 마음에 평안이 찾아옵니다.

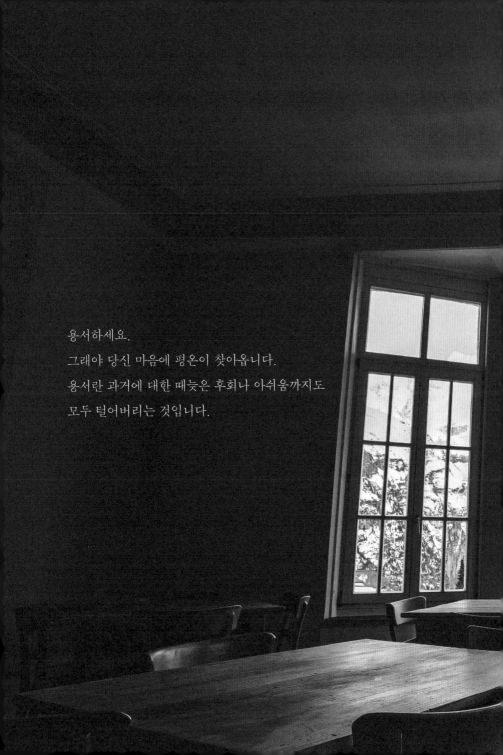

용서하세요.
그래야 당신 마음에 평온이 찾아옵니다.
용서란 과거에 대한 때늦은 후회나 아쉬움까지도
모두 털어버리는 것입니다.

세상을 한번 둘러보세요.

보스니아, 캄보디아, 르완다, 북아일랜드, 남아프리카 등

동족끼리 비극적인 참사를 빚었던 이들조차

서로 화해의 손을 내밀기 시작했습니다.

그것만이 서로의 상처를 치유하는 유일한 방법이라는 것을

깨달았기 때문입니다.

물론 쉽지는 않을 겁니다.

그러나 도저히 용서할 수 없을 것만 같았던

상대방에게 손을 내밀고,

마음의 무거운 짐을 덜어내고자 하는 일은

스스로 용기를 추스르는 일이기도 합니다.

과거의 기억과 고통에서 일어서려면

용기가 필요합니다.

과거의 미움으로부터 걸어 나오세요.

그것이 어떤 상처일지라도

당신은 용기를 낼 수 있습니다.

과거는 이미 지나가버렸습니다.

뒤돌아보지 마세요.

용서란 과거에 대한 때늦은 후회나 아쉬움까지도

모두 털어버리는 것입니다.

때로는 자기를 보호하기 위해

강경한 행동을 보여야 할 때도 있을 겁니다.

그러나 그것조차 사랑하는 마음에서

우러나오도록 해야 합니다.

그러지 않으면 미움이 독이 되어

그 행동마저 오염시키고 말기 때문입니다.

인도의 성자 간디는 말했습니다.

힘들고 어려운 때에 부닥친다면

'영혼의 위력'을 가진 사람을 만나라고 말이지요.

　진정한 영웅을 보고 싶소?

　그럼 증오를 사랑으로 되갚는 사람을 보시오.

　진정한 용기를 보고 싶소?

　그럼 용서할 줄 아는 사람을 보시오.

바가바드 기타Bhagavad Gītā

용서는 절대 나약하거나 유치한 것이 아닙니다.

용서야말로 우리가 결코 잊어서는 안 될 진실입니다.

진정한 용기와 단호함이 필요한 행동이 용서이지요.

그것은 절대 어수룩한 게 아닙니다.

그렇다면 단번에 모든 것을

잊어버리는 것이 용서일까요?

당신에겐 용서를 바로 볼 줄 아는 지혜가 있는지요?

용서란 단번에 일어나지 않습니다.

부당한 일을 겪은 영혼이라면

비탄, 분노, 슬픔, 좌절, 고통이라는

지루하고 긴 과정이 지나야 용서를 맞이할 수 있습니다.

참된 용서는 겉으로 대충 얼버무리고

지나가는 것이 아닙니다.

자기 안의 고통을 억누르거나

짐짓 모른 체하고 넘어가려는 어설픈 노력도

용서가 아니지요.

그러니 서둘러서는 안 됩니다.

배신감과 좌절의 상처가 있다면 있는 그대로 인정하세요.

그러면서 쉬지 않고 용서를 연습하고 실천하세요.

그러다보면 당신 안에는 어느새 진정으로

용서할 수 있는 자유가 자라나고 있을 겁니다.

용서는 과거를 잊어버리는 것이 아닙니다.

너그럽게 눈감아주는 것도 물론 아니지요.

지혜로운 눈으로 바라보는 것, 그것이 용서입니다.

무엇이 옳고, 무엇이 잘못된 것인지

눈 밝게 보고 아는 것입니다.

진정 용서할 줄 아는 영혼은

과거의 고통을 용기 있게 인정합니다.

그리고 그 고통을 통해 새롭게 배울 줄 압니다.

이것이야말로 용서의 위대함이지요.

'다시는 이런 일이 일어나지 않도록 하자.

두 번 다시 반복되지 않도록.'

용서하는 영혼은 이렇게 스스로를 단련시킵니다.

그처럼 용서의 힘을 키우는 영혼은

다른 영혼의 고통까지 덜어줍니다.

이것이 바로 용서의 힘이랍니다.

여기 당신의 원수가 있습니다. 그러나 그에 대한 비밀이 하나 있습니다.
그 역시 슬픔과 고통을 짊어진 채 휘청거리고 있다는 사실입니다.

당신은 지금쯤 이렇게 생각하고 있을지도 모르겠군요.

'과거의 고통을 인정하고 용서하라니.

내게 깊은 상처를 준 사람과도 친하게 지내라는 건가?'

꼭 그런 건 아닙니다. 오히려 말도 하지 않는 것이,

최악의 경우엔 관계를 끊어버리는 것이

당신 영혼을 위한 최선의 방법일 수도 있습니다.

사람은 다 제각각입니다.

그래서 당신에게 해를 끼치고 배신의 상처를 주었던

사람조차 언젠가는 바뀔 수 있습니다.

반면 또 다시 약속을 어기는 사람도 있을 겁니다.

그러니 설령 그가 약속을 지키지 못할지라도

또 상처받거나 하지는 마세요.

용서, 결과적으로 그것은 타인을 우리 마음속에서
완전히 내치지 않는 것입니다.

여기 당신의 원수가 있다.

그러나 그에 대한 비밀이 하나 있다.

그 역시 슬픔과 고통을 짊어진 채

휘청거리고 있다는 사실.

당신, 아직도 그에게 적의를 느끼는가?

헨리 워즈워드 롱펠로우 Henry Wadsworth Longfellow

자, 이제부터 우리가 할 일은

용서의 그릇을 키우는 일입니다.

세상에 고통 없이 사는 사람은 없습니다.

그러니 용서의 그릇을 키우는 일은 당신과 나,

우리 모두가 해야 할 일입니다.

이제까지의 삶과 행동을

정직한 눈으로 뒤돌아보세요.

미움과 증오로 인한 고통과 슬픔이

미움과 증오에 가득 찬 행동을

만들어냈음을 알게 될 겁니다.

스스로 자초한 것이니

자비심으로 그 미움을 거두어들이세요.

과거의 고통은 쉽게 사라지지 않습니다.

용서와 사랑으로 상처를 어루만지기 전까지는

계속 당신 영혼에 생채기로 남아 있을 겁니다.

어린 시절의 경험은 우리 몸에 각인된다.

잠시나마 그 사실을 억누를 수는 있을지라도

결코 바꿀 수는 없다.

잠시나마 이성이 속고 감정은 치장되며

개념이 혼동되고 명상을 통해

순간적인 휴식은 찾을 수 있을지 모른다.

그러나 어느 날

우리 몸은 그동안 밀린 계산서를 꺼내들 것이다.

인간의 몸은 영혼 속에 존재하며

어떤 타협이나 변명도 통하지 않는

순수한 어린아이와 같기 때문이다.

우리가 진실을 회피한다 해도

우리 몸은 결코 그 진실을 잊지 않는 법이다.

앨리스 밀러Alice Miller

우리는 이제까지

미움과 증오에 눈먼 채 살아왔습니다.

중동의 조그만 마을을 여행했을 때다.

미국인인 나와 동료들은 적개심으로 불타는

아랍인들에게 둘러싸이게 되었다.

그들은 우리가 단지 미국인이라는 이유 하나만으로

돌이라도 던지려는 듯 위협적인 태도를 보였다.

너무 두려웠다.

죽을 수도 있다는 공포심이 내 온몸을 휘감았다.

그와 동시에 나는 보았다.

내가 이제까지 살면서

다른 사람을 증오했던 그 마음이

바로 내 앞에서 다른 얼굴을 하고 서있음을.

지금 나를 증오하는 저들은

또 다른 내 모습이었던 것이다.

부당한 이유로 미움을 받는다는 것이

어떤 것인지 생생하게 느낄 수 있었다.

인종이 다르다는 이유로,

성별이 다르다는 이유로,

국가가 다르다는 이유로

주고받는 증오 속에서

우리는 모두 똑같다는 사실을 깨달았다.

그러자 내 속에서는

용서와 사랑의 문이 조금씩 열리기 시작했다.

아랍을 여행했던 미국 여성

나는 보았습니다.
내가 이제까지 살면서 다른 사람을 증오했던 그 마음이
바로 내 앞에서 다른 얼굴을 하고 서있음을.
지금 나를 증오하는 저들은 또 다른 내 모습이었던 것입니다.

어떤 사람이 양손에 식료품이 가득 든

봉투를 들고 걸어가고 있었습니다.

그러다 누군가와 부딪쳐 그만 넘어지고 말았지요.

봉투 안에 든 물건들이 모두 길바닥으로 쏟아졌겠죠.

달걀은 깨지고 주스 병은 산산조각이 나버렸습니다.

바닥에 떨어진 물건을 급히 챙기려던 그는

그만 머리끝까지 화가 나고 맙니다.

"이 바보 같은 자식, 똑바로 보고 다녀!

눈은 어디 두고 다니는 거야!"

그렇게 성을 내기 직전, 그는 자신과 부딪친 사람이

진짜로 맹인이라는 사실을 알게 됩니다.

안타깝게도, 그 역시 떨어진 물건을 찾기 위해

어쩔 줄 모르고 있었습니다.

머리 꼭대기까지 올랐던 화는 순식간에 사라져버리고

어느새 연민과 동정심이 번지기 시작합니다.

"다친 데는 없으신가요? 제가 도와드릴까요?"

우리 삶이 그렇습니다.

갈등과 노여움의 근원이 무지임을 깨닫는 순간,

지혜와 자비의 문은 저절로 열리게 되어 있습니다.

그 어떤 어려움을 만나도 인간 본성이 지닌

자비심을 발휘할 수 있답니다.

주변을 둘러보세요.

자비와 용서가 갖는

놀라운 변화의 힘을 목격할 수 있을 겁니다.

늘 기억하세요,

누구라도 용서의 힘을 발휘할 수 있다는 사실을.

아르헨티나 출신의 유명한 골퍼

로베르토 비센조Roberto de vicenzo를 아시나요?

그가 토너먼트 경기에서 우승했을 때의 일입니다.

무수한 카메라 세례를 받고 난 후,

그는 짐을 싸들고 주차장으로 걸어갔습니다.

그때 저쪽에서 한 여자가 다가오더니 말을 걸었습니다.

"우승을 축하드립니다."

"네, 감사합니다."

무슨 일인지 궁금해하는 그에게

여자는 슬픈 표정으로 사연을 털어놓습니다.

"사실은 제 아이가 병을 앓고 있어요.

얼른 손을 쓰지 않으면 위험하대요. 그런데….'

여자의 슬픈 사연을 다 들은 비센조는

마음이 아팠습니다.

그래서 그날 상금으로 받은 수표를 흔쾌히 건네주었습니다.

아이가 어서 건강해지기를 바란다는 말과 함께 말이죠.

다음주, 비센조가 컨트리클럽에서 점심을 먹고 있는데

골프장 관계자가 다가와 물었습니다.

"혹시 지난주 주차장에서 어떤 여자를 만나지 않았나요?"

비센조는 그렇다고 고개를 끄덕였습니다.

그리고 수표를 준 이야기도 했습니다.

"비센조, 그 여자는 사기꾼입니다.

알고 보니 아이는커녕 결혼도 안 한 사람이라는군요."

그러자 비센조가 물었습니다.

"그럼 사경을 헤매는 아이도 없다는 말인가요?"

비센조의 물음에 골프장 관계자는 미안한 듯 말했습니다.

"그렇죠."

비센조는 그제야 웃음을 지으며 이렇게 대답했다고 합니다.

"이거야 말로 이번주에 들은 것 중에서

가장 기쁜 소식이로군요."

용서를 할 때나 용서받을 때의 마음은 어떻든가요?

평화가 느껴지지 않던가요?

예로부터 하와이에서는 종족의 금기를 깨뜨리거나

범죄를 저지른 사람을 곧바로 추방하지 않았습니다.

대신 그에게 용서 받을 수 있는 마지막 기회를 주었지요.

그가 푸아호누아의 용암 바위 절벽에 있는

안식의 사원에 도달하면

사제는 그의 죄를 사해주고 용서의 의식을 진행합니다.

그런 식으로 용서를 받게 된 사람은 이제 안전한 길을 통해

집으로 돌아갈 수 있게 됩니다.

그렇습니다. 우리도 용서의 사원에 도달하기만 하면

언제라도 용서받고 되돌아올 수 있습니다.

그러니 마음속에 감옥을 지을 게 아니라

용서의 사원을 지어보세요.

우리의 신성함을 복구할 수 있는 용서의 사원 말이에요.

용서의 사원을 짓는 일은 언제라도 가능합니다.

남아프리카의 바벰바 족은 무책임하거나 정의롭지 못한

행동을 한 사람을 마을 한가운데에 세워놓습니다.

그리고 마을사람 모두가 그를 둘러싸고 앉아

그 사람이 이제껏 행한 선한 일들을 늘어놓습니다.

돌아가면서 저마다 개인적으로 겪은 일들을

아주 세세하게 말하는 거지요.

그가 이웃에게 베푼 친절한 행동, 아주 사소한 선행,

인내심 있게 마을 일에 동참한 것 등을

아주 자세하고도 길게 늘어놓습니다.

이런 의식은 며칠 동안 계속되기도 합니다.

그런 식으로 순번이 다 돌아가면

한바탕 즐거운 축제가 벌어집니다.

그리고 잘못을 저질렀던 사람은 이웃에게 환영을 받으며

다시 종족의 한 사람으로 거듭나게 되지요.

저마다의 마음속에 용서의 사원을 세웠기에

가능한 일입니다.

당신의 고통은

이 우주의 모든 생명이 공유하는 고통입니다.

그러니 그 우주적 고통을 기쁜 마음으로 맞이하세요.

고통의 위대함을 미처 깨닫지 못했기에 겪었던

자잘한 쓰라림을 극복하세요.

온 세계의 고통을

마음속에 담고 견뎌내는 땅처럼 말입니다.

당신의 고통은

이 우주의 모든 생명이 공유하는 고통입니다.

그러니 그 우주적 고통을 기쁜 마음으로 맞이하세요.

아무리 비극적인 상황에서라도 용서할 수 있습니다.

그 용서는 나와 타인의 마음과 삶을 변화시킵니다.

거리에서 떠돌던 열네 살짜리 소년이

갱단에 들어가기 위해 열 살 난 아이를 총으로 쏘았습니다.

단순히 자신의 담력을 보여주기 위해

무고한 사람을 죽인 것이지요.

소년은 살인혐의로 재판을 받게 되었습니다.

죽은 아이의 어머니는 유죄가 선고될 때까지

넋 나간 표정으로 재판을 지켜보고만 있었습니다.

그러다가 소년이 선고를 받고 재판정을 나가려 하자

자리에서 몸을 일으켜 그에게 다가가 말했습니다.

"가만두지 않을 테야. 죽여버리고 말겠어!"

그 후 소년은 청소년 수감센터에서 복역을 하게 됩니다.

유죄선고를 받은 지 반년이 지났을 무렵,

자식을 잃은 어머니가 소년을 찾아왔습니다.

그날 어머니는 대화를 통해

소년이 거리에서 부랑아처럼 살다가

살인까지 저지르게 된 사연을 알게 됩니다.

그리고 이제까지 소년을 찾아온 사람이

자신 외에는 아무도 없다는 사실도 알게 되었죠.

담배를 피우고 싶다는 소년의 말에

어머니는 약간의 돈을 남기고 떠납니다.

그 후 어머니는 자기 자식을 살해한 그 소년을

정기적으로 찾아갑니다.

조그만 선물과 음식들도 함께요.

3년이 지나 그가 석방될 무렵,

어머니는 나가면 무엇을 할 것인지 물었습니다.

돌아갈 곳도, 아무런 희망도 없는 그에게

어머니는 일자리를 알아봐주고는

거처를 마련할 때까지 자신의 집에서 지내도록 했습니다.

그는 자신이 죽인 아이의 집에서

약 8개월 동안 그 어머니가 해주는 따뜻한 음식을 먹으며

직장을 다녔습니다.

그러던 어느 날,

어머니는 조용히 거실로 그를 불렀습니다.

"내가 재판정에서 너를 죽이겠다고 한 말을 기억하니?"

"기억해요."

"그때 말한 대로 나는 너를 죽였다. 내 아들을 죽인 아이가

이 세상에 계속 살아 있기를 원하지 않았단다.

나는 그가 죽기를 바랐지.

그래서 너를 찾아가기 시작한 거란다.

그때마다 조그만 선물과 음식을 준비해서 말이다.

그리고 네게 직업을 구해주고 내 집에서 살게 해주었지.

나는 내 아들을 죽인 살인범을 죽였다.

너는 내가 준비한 음식을 먹고,

내가 마련한 잠자리에서 자면서

새로운 사람으로 태어난 거란다.

이제 너만 좋다면 너를 내 아들로 삼고 싶구나."

거리를 떠돌던 살인범은

자신이 죽인 아이의 어머니로부터 용서받고

새로 태어난 것입니다.

보세요.

용서는 용서를 하는 사람은 물론

그 용서를 받는 사람의 삶을

송두리째 변화시키는 놀라운 힘을 가지고 있음을….

우리는 크고 작은 절망을 겪으며 살아왔습니다.

그리고 앞으로도 그럴 것입니다.

그러니 지금 이 자리에서부터 용서를 발휘해야 합니다.

가족, 이웃, 국가 안에서 인내심을 갖고

용서를 실천하세요.

그것이 우리 모두가 해야 할 입니다.

현명한 행동 하나하나가 모여

큰 결과를 만든다.

그러니 '이쯤은 아무렇지도 않을 거야'라며

방심하지 말라.

한 방울씩 떨어지는 물방울이

결국엔 커다란 항아리를 채우듯이

지혜도 시간이 흐를수록

계속 쌓여만 갈 것이다.

법구경

다른 이를 힘들게 하듯
나 자신에게도 상처를 주고 배반했습니다.
생각과 말과 행동에서 자신을 배반하고
또 포기한 적도 있습니다.

나는 두려움과 고통, 혼동으로 말미암아
자신에게 상처를 주었습니다.
그러나 이제는 진심으로 용서합니다.
나는 나 자신을 용서합니다. 나는 나 자신을 용서합니다.

용서의 연습

지금부터 용서하는 힘과 그 그릇을 키우는 연습을 하게 됩니다. 주로
세 가지 측면에서 용서를 구하고 그 범위를 키워갈 것입니다.

먼저 편하게 앉아서 두 눈을 감고 자연스럽게 호흡합니다. 몸과 마음의
긴장을 풉니다. 부드럽게 호흡하면서 마음을 다스립니다. 그리고 이제
까지 용서하지 않고 마음의 감옥 속에 가두어둔 온갖 감정들을 있는 그
대로 바라보세요. 느껴보세요. 용서하지 않음으로써 당신이 겪어야 했
던 고통도 생생하게 드러날 겁니다. 그 고통의 벽을 느껴보세요.
깊게 호흡하면서, 다른 이의 용서를 구하는 명상문을 머릿속에 떠올리
거나 읊조려도 좋습니다.

나는 다른 이에게 상처를 주고 해를 끼쳤습니다. 그들을 배반하고 돌보
지 않았습니다. 또한 내 고통과 분노 때문에 그들 역시 편치 않도록 방
치해두었습니다.

내면에 갇혀 있던 여러 감정과 고통들이 더욱 깊어지면 깊어지는 그대로 내버려두세요.

그런 다음 다른 이에게 어떻게 상처를 주었는지 생생하게 떠올려보세요. 당신의 두려움과 고통으로 만들어낸 그들의 고통을 응시하세요. 이제 당신의 내면에는 슬픔과 회환이 조금씩 밀려올 겁니다. 그대로 느끼세요. 남김없이 느낀 후 천천히 그 마음속의 짐을 부려놓고 용서를 구하세요.
물론 당신의 마음을 옥죄어온 짐들을 다 부리기까지는 시간이 필요할 겁니다. 충분한 시간을 두고 그들 한 사람 한 사람을 마음속에 떠올리세요. 그런 다음 그들에게 용서를 구하세요.

　　나는 당신의 용서를 구합니다.
　　나는 당신의 용서를 구합니다.

다른 이에게 용서를 구했다면 이제 자신에게 용서를 구할 차례입니다.

　　다른 이를 힘들게 하듯

나 자신에게도 상처를 주고 배반했습니다.
생각과 말과 행동에서 자신을 배반하고
또 포기한 적도 있습니다.

당신의 귀한 몸과 삶을 되돌아보세요. 자신에게 상처 주었던 일들을 떠올려보세요. 생생하게 기억해내었다면 그냥 바라보세요. 슬픈 기억이라면 슬픈 대로 느끼면서 이제는 그 짐을 벗어버릴 수 있다고 생각하세요. 스스로에게 상처 준 일 하나하나를 떠올리며 용서하세요. 점점 더 그 용서의 그릇을 키워가세요. 그리고 자신을 용서하세요.

나는 두려움과 고통, 혼동으로 말미암아
자신에게 상처를 주었습니다.
그러나 이제는 진심으로 용서합니다.
나는 나 자신을 용서합니다. 나는 나 자신을 용서합니다.

이젠 당신을 힘들게 한 이들을 용서할 차례입니다.

나는 다른 이의 말과 생각, 행동을 통해 상처받았고 모욕당했으며 무시

당한 적이 있습니다.

자신이 당한 고통들을 기억해내고 마음속에 생생하게 그려보세요. 과거로부터 짊어져왔던 그 슬픔이 생생하게 느껴질 거예요.

이제는 마음의 준비를 합니다. 조금씩 용서의 범위를 넓혀가세요. 당신의 고통도 놓아버리세요. 그리고 자신에게 이렇게 말하세요.

> 다른 이들이 자신의 고통, 두려움, 혼돈, 분노 때문에
> 나에게 상처 준 여러 가지 일들을 기억합니다.
> 나는 그 고통을 너무도 오랫동안 지니고 살아왔습니다.
> 그것으로 충분합니다.
> 이제는 천천히 그들을 용서할 겁니다.
> 나에게 깊은 상처를 안겨준 그들을 용서할 겁니다.
> 나는 그들을 용서합니다.

마음이 편해질 때까지 자신을 용서하세요. 당신에게 상처 준 이를 용서하고 또 다른 사람을 용서하세요. 반복해서 용서하세요.

어떤 고통은 너무나 깊어서 쉽게 내려놓지 못할 수도 있습니다. 오히려

그 고통이 더 커져 또 다른 분노가 일어날지도 모릅니다. 그러면 그런 대로 가보세요. 그 고통마저 감싸 안으세요.

지금 당장 분노를 내려놓을 준비가 되어 있지 않더라도 자책하지는 마세요. 용서는 억지로 될 수 있는 게 아니니까요. 대충 할 수 있는 것도 아니지요. 그러니 편안하게 조금씩 실천하세요.

여러 가지 형상과 감정이 떠오르는 대로, 흘러가는 대로 놓아주세요. 다만 멈추지는 마세요. 그러다보면 어느 순간 용서는 당신 삶의 한 부분이 되어 자연스럽게 우러나올 겁니다. 과거는 족쇄에서 풀려나고 새로운 지혜와 자비가 당신의 마음속에 흘러넘치게 될 겁니다.

용서를 실천하는 데는 여러 방법들이 있습니다. 고통을 내려놓기, 고통을 직시하며 아파하기, 화해하기. 이 세 가지 방법은 용서를 실천하는 걸 도와줍니다. 지혜롭고 현명하며 품위 있는 언어로 마음을 치유하게끔 도와줍니다. 다시 안식을 얻을 수 있도록 도와줍니다.

어떤 방법이 가장 효과적인지는 당신의 직관이 인도할 것입니다. 자신에게 가장 적합한 방법을 통해 용서를 연습하고 실천하세요.

내려놓기

지혜롭게 사는 데 필요한 것 중 하나는 내려놓을 줄 아는 것입니다. 내려놓는 것이야말로 자유에 이르는 길입니다. 우리가 짊어진 희망, 공포, 고통, 과거를 놓아버릴 때 비로소 고요함이 찾아들고 우주를 향한 마음의 문이 조용히 열릴 것입니다.

집착하는 마음이 클수록 행복은 줄어듭니다. 그러니 그냥 내려놓으세요. 그러면 자유를 얻게 됩니다.

마음속에 갇혀 있는 짐들을 부려놓으세요. 두려워하지 마세요. 있는 그대로의 삶을 바라보고 용기를 내세요. 부족하면 부족한 대로 시작하면 됩니다.

발걸음을 떼보세요. 당신이 존재하는 바로 그 자리에 안식이 찾아들기 시작할 겁니다. 집착을 놓아버리세요. 상처받은 당신의 영혼을 어루만져주세요. 끊임없이 흘러가는 이 세상에서 사랑이 우리를 인도할 테니까요.

두려움과 고통의 상처를 내려놓고 싶다면
그 고통과 두려움의 정체를 알아야 합니다.
있는 그대로의 모습을 인정하고 시작해야 합니다.
우리가 두려움과 고통의 맨얼굴을 보는 법을 터득하면
그들의 힘은 점점 약해집니다.
그러니 진실이 있는 그대로 존재하게끔 놔두세요.
그래야 우주가 내 몸과 마음속으로 들어올 테니까요.

그렇다면 내려놓아야 할 것들엔 무엇이 있을까요. 우리 마음속을 떠돌며 영혼을 눈멀게 하는 온갖 형상, 감정, 불평, 공포, 집착, 과거에 대한 좌절입니다.

그것들을 그냥 놓아주세요. 저절로 떠나가도록 말이에요. 내려놓는다는 건 뭔가를 없애려고 애쓰는 것이 아니랍니다.

거부하는 마음이 조금이라도 남아 있다면 진심으로 내려놓을 수 없습니다. 두려움과 저항이 남아 있다면, 억지로 밀쳐낸다 할지라도 그것은 반드시 뒤쫓아 오기 마련입니다.

진심으로 두려움과 고통의 상처를 내려놓고 싶다면 그 고통과 두려움의 정체를 알아야 합니다. 있는 그대로의 모습을 인정하고 시작해야 합니다. 있는 그대로의 두려움과 고통을 받아들이고 나서야 두려움과 고통을 내려놓는 일이 시작됩니다.

우리가 두려움과 고통의 맨얼굴을 보는 법을 터득하면 그들의 힘은 점점 약해집니다. 그러니 진실이 있는 그대로 존재하게끔 놔두세요. 그래야 우주가 내 몸과 마음속으로 들어올 테니까요.

호흡하면서 긴장을 푸세요. 이제 당신에게는 평안이 깃듭니다. 고통의 상처를 언제까지 가지고 있어야 하는지, 내려놓아야 할 때는 언제인지 묻고 싶을 겁니다. 걱정하지 마세요. 당신 마음이 벌써 그때를 알고 있으니까요.

내려놓는 일에도 일정한 사이클이 있습니다. 마음을 움직여서 과거를 내려놓고 다시 유연하게 현재로 돌아오는 것, 그것이 내려놓을 줄 아는 지혜입니다.

편안한 자세로 조용히 앉아 몸과 호흡에 집중하세요. 긴장을 풀고 지금 상태에 자신을 온전히 맡기세요. 조금씩 조금씩 평화가 찾아올 겁니다.

그럼 이제부터는 감정과 집착들을 정면에서 바라보세요. 내려놓고 싶은 감정들을 하나씩 말해봅니다. 배반, 슬픔, 걱정… 모든 것을 있는 그대로 바라보세요. 저항하지 마세요. 그것들이 마음속을 떠다니도록 그냥 놔두세요. 그저 자비의 눈길로 쳐다보세요. 호흡은 계속합니다, 천천히.

이제 스스로 물어봅니다. 과거의 감정들을 내려놓아도 좋을지 물어봅니다. 그리고 속삭이세요. 내려놓자, 내려놓자, 내려놓자…. 부드럽게 반복합니다.

그렇게 몸과 마음을 유연하게 한 후 내면에서 일어나는 모든 감정을 밖으로 뱉어냅니다. 튜브에서 물이 흘러나오듯 감정들이 내 안에서 빠져나가는 모습을 생생하게 그려보세요. 과거가 빠져나간 후 그 열린 영혼으로 우주가 들어오는 신비함을 체험해보세요.

모든 집착을 벗어던진 상태를 그려보세요. 자유와 청정, 집착에서 벗어나면서 얻게 될 평안을 음미해보세요.

자신에게 내려놓으라고 몇 번 더 읊조린 다음, 내려놓았던 감정들이 혹여 되돌아오는지 살핍니다. 간혹 버렸던 것들이 다시 되살아난다면, 내 것이 아닌 것을 향해 절하듯 깊고 부드럽게 호흡하세요. 그리고 상냥하게 말하세요. 나는 이미 너를 놓아주었노라고.

두려움과 고통의 기억과 감정들은 반복해서 되돌아올 수 있습니다. 그래서 내려놓는 수행에는 반복된 연습이 필요합니다. 연습을 하면 할수록 스스로 내려놓을 수 있다는 사실을 알게 될 것입니다.

안락함과 자유가 당신에게 깃들길….

슬픔 마주하기

폭우가 쏟아지면 먹구름은 사라진다.

하지만 과연 그걸로 끝일까?

다시 구름이 끼는 날은 없을 것인가?

갈리브Ghalib

무언가를 상실했을 때 우리는 비탄에 젖고 슬퍼합니다. 아주 자연스러운 일입니다. 그러니 소리 내 울고 싶다면 그렇게 하세요. 마음껏 슬퍼하세요. 슬플 때는 슬퍼해야 합니다. 그런 후에야 상실한 것을 인정하고 그 아픔을 치유하는 길을 모색할 수 있으니까요.

집착하는 마음을 놓아버리는 가장 최선의 방법은 있는 그대로의 고통에 아파하고 비탄에 젖는 일일지도 모릅니다.

온전히 자신을 슬픔에 맡기고 고통을 존중하는 일에도 용기가 필요합니다. 눈물과 통곡으로 당신의 비극을 맞이하세요. 명상과 기도를 통해 맞이할 수 있다면 그렇게 하세요. 노래로 맞이하고 싶다면 또 그렇게 하면 됩니다.

당신 마음이 이끄는 대로 그 슬픔을 맞이하세요. 오래된 슬픔과 현재의 고통을 직면할 때, 그 어떤 꾸밈도 없는 나약한 자신의 모습을 만날 수 있습니다.

당신의 눈물과 슬픔을 존중해주세요. 무감각하게 방어하고 자신을 중무장한다면 지금 당장은 슬픔의 고통을 비껴갈 수 있을지 모릅니다. 그러나 그 슬픔으로부터 영혼을 키울 수 있는 기회는 얻지 못하겠지요. 혼자도 좋고 친근한 동료와 함께라도 좋습니다. 누군가 나를 배려하는 사람이 가까이 있다면 슬픈 상태가 오래 지속되지는 않을 겁니다.

편하게 앉아서 심호흡을 합니다. 호흡에 집중하며 가슴속에서 일기 시작하는 모든 감정들을 자각하세요. 한 손을 들어 가슴 위에 얹고 아주 연약하고 부러지기 쉬운 존재를 어루만진다고 느끼세요. 그건 바로 당신 자신입니다.

호흡을 계속합니다. 이제 당신이 슬퍼하고 괴로워하는 상실과 고통의 상황을 떠올려보세요. 당신을 슬프게 한 사람, 그로부터 받은 배신의 상처들이 자연스럽게 떠오르게 놔두세요. 가볍게 바라보세요. 서두를 필요는 없습니다. 깊게 감추어둔 슬픔과 상처가 한 켜 한 켜 드러나도록 천천히 하세요.

깊고 부드럽게 계속 호흡합니다. 고통과 눈물, 분노와 애증 등 모든 감정들이 스스로 흘러나오도록 합니다. 자비심으로 그것을 부드럽게 어루만져주세요. 그리고 그들 스스로 떠나도록 연민으로 굽어보세요. 감정들이 떠오르고 존재할 수 있는 임시 거처를 마음 한쪽에 허락해주세요.

깊게 호흡합니다. 몇 번 반복합니다. 더욱 부드럽게 호흡하면서 그 감정들을 껴안아봅니다. 당신 자신과 내려놓아야 할 것들에 자비를 베푸세요.

당신이 겪는 상실의 고통은 전 세계가 겪는 고통이기도 합니다. 자비롭고도 가볍게 그 고통들을 거두어내세요. 더 이상 그것을 당신만의 것으로 고집하며 붙들고 있을 필요가 없습니다. 자비심의 한가운데에 내려놓으세요. 울고 싶다면 마음껏 울어도 좋습니다.

슬픔과 고통을 내려놓는 과정이 쉽지만은 않을 겁니다. 눈물을 흘리는

배신으로 인한 슬픔과 고통의 기억을
종이에 써보는 것도 좋은 방법입니다.
노래를 불러도 좋고 춤으로 표현해도 좋습니다.
시공간을 초월한 영원한 지혜가
고통을 통해 당신 내면에서 울려 퍼질 겁니다.

일도 많겠지요. 그렇다고 너무 걱정할 건 없어요. 몸과 마음의 자연스런 과정일 뿐이니까요. 걱정하지 말고 믿어보세요. 당신의 몸과 마음이 고통으로부터 풀려난다는 사실을 믿으세요.

배신으로 인한 슬픔과 고통의 기억을 종이에 써보는 것도 좋은 방법입니다. 노래를 불러도 좋고 춤으로 표현해도 좋습니다. 시공간을 초월한 영원한 지혜가 고통을 통해 당신 내면에서 울려 퍼질 겁니다.

화해하기

스님들은 사원에 갈등이 생겨나면 다음처럼 읊조리며 다시 자비심을 챙기곤 합니다.

우리 안에 어떤 상처가 있더라도
우리는 다시 화해할 수 있습니다.
싸움으로 서로 말을 하지 않고
해서는 안 될 일을 했더라도
다시 화해할 수 있는 용기를 얻습니다.
그리고 자비심을 찾습니다.
우리는 중생을 구원하기 위해 우리의 의무를 다합니다.

이와 같은 명상문을 되뇌는 것은 단절된 관계를 복구하고 자비심을 틔우기 위해 씨를 뿌리는 일과도 같습니다. 진정 화해하고자 하는 마음을 말로 표현하면 고통과 두려움으로 멀어진 사이에 온유함의 다리가 놓이게 됩니다.

편안한 자세로 앉아서 몸과 호흡에 집중합니다. 긴장을 풀고 의식을 현재 상태에 집중합니다. 부드럽게 호흡합니다. 갈등이 없어져 다시 화해했을 때를 상상해보세요. 멀어진 관계가 회복되고 상처가 치유되는 미래를 그려보세요.

먼저 가까운 가족들과 화해하세요. 가족이야말로 가장 상처받기 쉽고 가장 부서지기 쉬운 관계입니다. 가정에서 화해하지 못한다면 이 세상 무엇과도 화해하기 힘들 것입니다.
깊게 호흡합니다. 사랑하는 가족을 머릿속에 그려봅니다. 갈등으로 생긴 거리감과 고통을 생생하게 느껴보세요. 다시 화해의 다리가 놓일 수 있다고 믿으세요.

깊고 천천히 호흡한 후 마음이 안정되면 아래와 같은 말을 읊조려보세요. 그러면서 소원해진 사람과 다시 화해할 수 있음을 느껴보세요.

    모든 어머니와 아들이 화해하게 하소서.

모든 어머니와 딸이 화해하게 하소서.

모든 아버지와 아들이 화해하게 하소서.

모든 아버지와 딸이 화해하게 하소서.

모든 자매와 형제가 화해하게 하소서.

모든 남편과 아내가 화해하게 하소서.

모든 연인과 부부가 화해하게 하소서.

모든 가족들이 화해하게 하소서.

모든 고용주와 일꾼이 화해하게 하소서.

모든 이웃들이 화해하게 하소서.

모든 친구들이 화해하게 하소서.

모든 여성들이 화해하게 하소서.

모든 남성들이 화해하게 하소서.

모든 남성과 여성이 화해하게 하소서.

모든 종교가 화해하게 하소서.

모든 인종이 화해하게 하소서.

모든 국가가 화해하게 하소서.

모든 사람들이 화해하게 하소서.

모든 피조물들이 화해하게 하소서.

화해하고픈 의지를 간단히 말로 읊는 것만으로도
우리 삶은 평화를 향하게 되어 있습니다.

02
사랑

사랑, 그것은

이 세상에서 인간을 보호해주는

최고의 덕목이다.

붓다

사랑은 축복입니다.

중력처럼 눈에 보이지는 않지만

어디에나 존재하고 모든 존재들을 이어주는

불가항력의 힘, 그것이 바로 사랑입니다.

사랑은 축복입니다!
눈에 보이지는 않지만
어디에나 존재하고 모든 존재들을 이어주는 불가항력의 힘,
그것이 바로 사랑입니다

우리는 모두 사랑을 갈구합니다.

사랑하고 사랑받기를 원합니다.

이제 당신 안의 사랑을 깨워보세요.

자식을 돌보고 지켜주는

어머니의 무한한 사랑으로

그대 자신과 모든 존재를 돌보라.

붓다

사랑이란

아무런 기대나 조건 없이 다른 사람을 배려하고

그들이 잘되기를 바라는 것입니다.

타인의 행복과 나 자신의 행복 사이에는

아무런 차이가 없습니다.

참된 사랑의 존재를 믿으세요.

사랑에 대한 믿음이 겉으로 드러난 것이

바로 타인에 대한 사랑입니다.

그 어떤 순간일지라도 우리는 사랑할 수 있습니다.

사랑은 우리 삶을 연결해줍니다.

나로부터 우리로 확장해주고,

타인에게 친절할 수 있도록 해주며,

우리 자신을 고귀하게 해줍니다.

사랑은 배려하는 마음에서 자랍니다.

그리고 배려하는 행동을 통해 꽃을 틔우지요.

우리는 아무리 어려운 때라도

나만의 조그만 자아의 울타리를 넘어

모든 이들을 품을 수 있습니다.

마지막 순간,

우리는 살아온 날들을 되돌아보며 이렇게 물을 것입니다.

나는 충만한 삶을 살았는가?

제대로 사랑하며 살았는가?

당신은 그 질문에 어떤 대답을 준비하고 있는지요.

아무리 천사의 말을 할지라도 사랑이 없다면

요란한 놋쇠와 꽹과리 소리에 불과합니다.

예지력과 세상의 모든 지식을 갖고 있을지라도,

산을 옮길 만한 믿음을 갖고 있을지라도

사랑이 없다면 나는 아무것도 아닙니다.

고린도 전서 13:1-2

때론 사랑이 불가능하다고 느낄 때도 있을 겁니다.

당신이 짊어지고 다니는 혼동과 고통이

사랑이 숨 쉴 자리를 내주지 않기 때문이지요.

하지만 내 몸과 마음속에서 다시 사랑을 찾아야 합니다.

모든 생명 가운데서 사랑을 베푸는 방법을

찾지 않으면 안 됩니다.

사랑이 없다면

창조적인 정신은 고갈되고 말 것입니다.

그러나 사회는 우리에게 제대로 된

사랑을 가르친 적이 없습니다.

오히려 그 사랑에 등지고 사는 삶을 장려해왔지요.

뉴욕에서 올해의 교사상을 수상한

존 가토^{John Gatto}는 말했습니다.

국가적으로 우리 영혼을 죽이는 것들을 보십시오.

마약, 경쟁, 오락으로 전락한 성문화,

무분별한 포르노, 도박, 알코올, 소비에 현혹되는 인생

그리고 종교들을 말입니다.

사랑이 없다면 우리는 아무것도 아닙니다.
그런데도 사회는 우리에게 제대로 된
사랑을 가르친 적이 없습니다.
오히려 그 사랑에 등지고 사는 삶을 장려해왔지요.

그러나 아주 끔찍하고 어려운 상황에서조차

사랑을 놓지 않는 법을 배워야 합니다.

아무리 상황이 어렵더라도,

주변의 조건이 열악하더라도 사랑을 놓으면 안 됩니다.

인간 내면에는

범죄와 복수가 들어설 자리가 언제나 존재한다.

우리가 할 일은 그들을 세상에 임대하지 않는 것이다.

그리고 그것들을 우리 자신과 다른 사람들 안에서

변형시키는 것이다.

알베르 카뮈Albert Camus

어려운 상황에 분노를

일으킨다고 해서 나아지는 건 없습니다.

아니, 오히려 그 상황을 더 어렵게만 만들 겁니다.

그리고 당신은 자꾸만 망가지는 자신을 보게 될 겁니다.

무엇이든 분노로 시작된 일은

결국 부끄러운 수치로 끝이 난다.

벤자민 프랭클린Benjamin Franklin

당신에게 남아 있는 시간은 얼마 되지 않습니다.

그나마도 사랑하지 않고 보내는 시간은

아무런 의미가 없습니다.

남을 증오하고 비난하며 보내기에는

우리에게 남아 있는 시간이 너무나도 아깝고 소중합니다.

인생의 진리를 알기에도 시간이 부족한데

어찌 다투려고만 하는가?

붓다

사랑은 판단과 비난을 접어둔 곳에 자리합니다.

자신만의 잣대로 나와 타인을 가름하고

선과 악을 구별하는 것만큼 어리석은 일이 있을까요.

그러면서 남을, 남의 행동을 악행이라 비난하는 것만큼

바보 같은 짓이 또 있을까요.

악한 사람이 어딘가 숨어

저 혼자서 나쁜 짓을 저지른다면,

그들을 모조리 없애는 게

그렇게 간단하다면 얼마나 좋을까.

선과 악을 정확하게 나누고 싶은가?

그러면 당신의 심장을 갈라야 할지도 모른다.

당신의 심장을 도려내고 싶은가?

알렉산더 솔제니친Alexander Solzhenitsyn

사랑을 해치는 가장 큰 적은

바로 증오심입니다.

증오가 클수록 우리 마음은 그만큼 더 경직됩니다.

그래서 다른 사람을

또 다른 한 사람으로 보지 못하게 됩니다.

증오는 당신의 영혼을 손상시킵니다.

자기연민이라는 충동에 빠져서는 안 됩니다.

정의를 위해 싸우고 존엄성을 지키고 싶다면,

절제된 행동으로 움직이고 싶다면

사랑의 도구만 사용하십시오.

마틴 루터 킹Martin Luther King Jr.

사랑의 또 다른 적은 두려움입니다.

두려움 역시 마음을 위축시킵니다.

걱정하는 마음을 부추기고 사랑의 샘을 마르게 합니다.

두려움 속에서 살고 싶은 사람은 아무도 없겠지요.

공포와 두려움은

영혼의 방 중에서도 가장 싸구려 방에 속한다.

나는 그대가 더 나은 방에서 기거하는 모습을 보고 싶다.

페르시아 시인, 하피즈Hafiz

사랑과 용서가 얼마든지 가능하다는 사실을
아는 것만으로는 충분하지 않습니다.
그것을 삶속에서 실천하는 길을 찾아야 합니다.

언뜻 보기에는 사랑 같지만

진정한 사랑이 아닌 것도 많습니다.

당신은 진짜 사랑과 가짜 사랑을 구별할 줄 아나요?

집착과 기대, 그것이 가짜 사랑입니다.

사랑의 자리에 집착이 대신하면

나는 상대방과 단절됩니다.

전혀 별개의 존재가 되지요.

집착은 요구합니다.

통제하려 들고 잃어버릴까 전전긍긍하게 되지요.

그러니 스스로에게 물어보세요.

집착이 사랑의 자리를 차지하고

있는 것은 아닌지 말입니다.

마음이 진실을 보여줄 것입니다.

또 다른 가짜 사랑에는 바로 기대가 있습니다.

상대방을 배려한다면서 실은 자신이 원하는 대로

상대방이 변하기를 바라는 것은 아닌지 살펴보세요.

희망과 욕망에 대한 집착,

상대방에 대한 기대와 욕심은

사랑이 설 자리를 빼앗아버립니다.

아무리 관대한 기대일지라도

상대방에게는 부담으로 여겨질 수도 있습니다.

진정한 사랑은 아무것도 요구하지 않습니다.

그러면서 자비롭습니다.

사랑은 그 자체로 풍족하기 때문이지요.

사랑은 아무런 대가도 바라지 않습니다.

사랑은 나약하지 않습니다.

오히려 아주 강인하지요.

세상에는 강한 것이 두 가지 있습니다.

죽이는 것을 두려워하지 않는 강인함과

사랑하는 걸 두려워하지 않는 강인함입니다.

당신은 무엇을 선택하셨나요?

당신이 갖고 있는 강인함은 진정한 힘에 의한 것인가?

지구의 평화가 진정 당신에게 가장 귀한 것인가?

당신은 파괴의 힘에 반대하는가?

생명의 편에 서서 일하고 있는가?

그렇다면 파괴의 힘에 맞서기 위해서

우리가 가진 최고의 무기를 써야만 할 것이다.

바로 사랑의 힘이다. 그 힘은 우리 모두에게 존재한다.

그리고 생명의 편에 서기 위해서는

우리의 생명을 포기해야 하는 때도 있을 것이다.

도로시 데이 Dorothy Day

사랑은 두려움을 넘어

존재하는 진리를 신뢰합니다.

무조건적으로 신뢰하기에

사랑은 아무런 조건도 달지 않습니다.

때로 사랑은 흔들리지 않고

서있는 것을 의미하기도 합니다.

집착하지 않고 내려놓는 것 또한 사랑이지요.

사랑은 존재하는 그대로 받아들입니다.

사랑은 두려움을 극복하고 나아갈 때 싹을 틔우고,

자비심으로 꽃을 피웁니다.

하지만 사랑으로 친밀한 사이에서

더 상처받기 쉬운 법입니다.

영국 BBC방송국이 테레사 수녀를 인터뷰했을 때입니다.

기자가 말했습니다.

"보통사람들과 달리 수녀님에게는

희생하고 봉사하는 삶이 더 편하실 거 같습니다.

재산도 없고 남편도 없으니 말입니다."

그러자 테레사 수녀는

손에 낀 반지를 보여주며 대답했습니다.

"저도 결혼한 사람입니다.

그리고 예수님 아내 노릇도

생각만큼 쉬운 게 아니랍니다."

테레사 수녀조차 힘들어하는 일인데

우리는 말할 것도 없겠지요.

사랑은 어설픈 감상이 아닙니다.

사랑과 진리는 뗄 수 없는 관계에 있지요.

사랑하는 마음만이 진리를 바로 볼 수 있습니다.

우리는 서로에게 사랑이라는 말을

사용할 수 있는 관계를 추구해야 한다.

이런 관계는 서로에게 말할 수 있는

진리를 더욱더 확고하게 해준다.

사랑이야말로 독립된 자아에 대한

환상과 외로움을 깨주기 때문에

그런 관계는 매우 중요하다.

에이드리언 리치|Adrienne Rich

사랑이라는 것, 너무 이해하기 힘들다고요?

그렇지 않아요. 사랑은 아주 단순하답니다.

달라이 라마는 사랑과 자애에 대해서 이렇게 말했습니다.

아마도 사랑은 온유함에 있지 않을까요.

사랑은
존재하는 그대로를 받아들입니다

자신의 마음이 사랑으로 넘친다면
사랑으로 가득한 세상을 만나게 될 것입니다.
그러나 사랑이 부족하다면
사랑 없이 메마른 세상을 만나게 되겠지요.

어느 도시에 이방인이 이사를 왔습니다.
그는 성문 앞에 앉아 있는 현자에게 물었습니다.
"이곳에 사는 사람들은 어떤 사람들인가요?"
그러자 현자가 되물었습니다.
"당신이 살던 곳의 사람들은 어땠소?"
이방인은 대답했습니다.
글쎄요, 늘 쓸데없는 소리만 하고
구두쇠에다 자기만 생각하는 사람들이었죠.
"잘 지내기가 무척 힘들었습니다."
그러자 현자는 이렇게 말했습니다.
"이곳 사람들도 그렇소."
얼마 후 또 다른 이방인이 그 도시를 찾았습니다.
여전히 같은 자리에 앉아 이방인을 향해

환영인사를 건네던 현자에게 그가 물었습니다.

"이곳 사람들은 어떻습니까?"

그러자 현자가 다시 물었습니다.

"전에 살던 곳의 사람들은 어떤 사람들이었소?"

이방인이 대답했습니다.

아주 좋은 사람들이었습니다.

부지런하고 매우 친절해서 서로 잘 어울려

"행복하게 살았습니다."

그러자 현자가 대답했습니다.

"여기 사람들도 그렇답니다."

사랑은

아주 사소하고 조그만 것에서부터 시작됩니다.

간호학교에 다닌 지 두 달이 되어갈 때쯤,

지도교수가 우리에게 시험지를 건네주었습니다.

성실한 학생이라고 자부하던 나는

자신만만하게 시험지를 받아들었죠.

그런데 쭉 시험지를 훑어보던 중

마지막 문제를 보고는 어리둥절했습니다.

'우리 학교를 청소하는 아주머니의 이름은 무엇인가요?'

학생들은 그 문제가 농담이려니 했습니다.

물론 구내를 청소하던 아주머니를 본 적은 있었습니다.

키가 크고 검은 머리에 50대쯤 되었을까?

하지만 그녀의 이름은 몰랐습니다.

나는 마지막 문제에 답을 적지 못한 채

시험지를 제출했습니다.

수업이 끝나기 전, 한 학생이 마지막 문제도 점수에

포함되는지를 물었습니다.

"물론입니다"라고 교수님은 대답했죠.

그러면서 이런 말을 덧붙였습니다.

"사회생활을 하다보면 많은 사람들을 만나게 됩니다.

그 사람들 하나하나가 모두 의미 있고 귀한 사람들이죠.

여러분이 관심을 갖고 배려해야 할 사람들입니다.

여러분이 할 수 있는 일이라고는

그저 미소 지으며 안녕하세요라고

인사하는 것뿐이라도 말입니다."

나는 그때의 교훈을 잊을 수가 없습니다.

물론 그 후 그녀의 이름이

도로시라는 것도 알게 되었고요.

조안 존스 Joanne C. Jones

사랑을 실천하는 것은 그리 어렵지 않습니다.

다른 사람의 입장에 서보는 것에서부터

사랑은 시작됩니다.

얼마나 깊이 있는 삶을 사느냐 하는 것은

젊은이들에게 얼마만큼 관대하고,

노인들에게는 얼마만큼 자비로우며,

고통 받는 이들에게는 얼마만큼 동정적이고,

약한 사람들에게는 얼마만큼 너그러운가에 달려 있다.

왜냐하면 누구라도 언젠가는 한 번씩

그런 사람이 되기 때문이다.

조지 워싱턴 카버George Washington Carver

사랑을 가진 이는 마음의 눈으로 볼 수 있습니다.
마음의 눈으로 다른 사람의 마음속에 깃든 사랑을
바로 보는 것이지요.

성인聖人이 존경받는 이유는
그의 성스러움 때문이 아니다.
성스러운 내면을 지닌 채
보통사람을 높이 사고 칭송하기 때문이다.

토마스 머튼Thomas Merton

아무리 어렵고 절망스러운 상황일지라도 희망이 있는 이유는
그 어떤 벼랑 끝에서도
우리 마음은 자유로울 수 있기 때문입니다.

사랑의 위대함은 그뿐이 아닙니다.

사랑하는 마음은

모든 것을 바꿔놓는 놀라운 힘을 가지고 있지요.

사랑은 우리 안에서 생동하며

모든 일에 영감을 불어넣는다.

마음이 하는 일이 위대하다면

몸이 하는 일은 절대 미약하지 않을 것이다.

마이스터 에크하르트 Meister Eckhart

사랑하지 않는 사람은

작은 일에도 너무나 쉽게 무너집니다.

사랑이 불러오는 위대한 힘을

가지고 있지 않기 때문이지요.

참된 사랑은 무너지지 않으며

저항할 수 없는 것이다.

사랑은 힘을 모으고 그 자신을 널리 퍼뜨리며

사랑이 닿는 모든 것들을 변하게 한다.

메허 바바

당신의 사랑을 키우세요.

모든 인간을 감싸고 전 세계를 감싸도록 말입니다.

아주 보잘것없는 미물에게까지 사랑을 베푸세요.

조그만 벌레가 종이 위를 기어간다.

그대로 내버려두라.

어쨌든 독자는 있어야 하지 않겠는가.

로이드 레이놀드 Lloyd Reynolds

사랑을 키우고 싶다면 이렇게 읊조려보세요.

당신은 안락하게 꿈꿉니다.

당신은 편하게 잠듭니다.

당신은 만족한 상태로 눈을 뜹니다.

당신의 생각은 즐겁습니다.

당신의 건강은 나날이 좋아집니다.

천사와 신들이 당신을 사랑하고 보호합니다.

동물들은 당신의 사랑을 느끼고 해치지 않습니다.

사람들은 어디에서나 당신을 환영합니다.

당신의 아이는 행복할 것입니다.

잃어버린 물건도 언젠가는 되돌아올 것입니다.

벼랑으로 떨어진다 해도

당신을 구해줄 튼튼한 나무가 그 아래 있을 것입니다.

세계는 당신과 함께 더욱 평화로워질 것입니다.

사랑을 실천하는 것은 그리 어렵지 않습니다.

다른 사람의 입장에 서보는 것에서부터

사랑은 시작됩니다.

그 사랑에 당신 자신까지 포함하세요.

사랑과 자비를 키우지 못하도록 막는 것은

그 사랑과 자비의 가치를 못 보는 우리 자신입니다.

사랑과 자비는 당신 자신에게 베푸는

친절에서 시작되어야 합니다.

전 우주를 뒤져도 나만큼 귀하게

사랑할 만한 존재는 단 하나도 없다.

그러니 모든 사람들은 자신을 귀하게 여기고

그 귀함이 남의 귀함을 해치지 않도록 하라.

붓다

사랑과 자비는 동정과 연민을 낳습니다.

자비심은 모든 존재가 짊어진 고통과 슬픔을

온유함으로 품습니다.

전 세계를 변화시킬 수 있는 힘을 가진 것은

바로 온유한 마음이다.

쵸감 트룽파Chogyam Trungpa

우리 자신은 물론 다른 이의 고통에

공감하는 일로부터 자비가 싹틉니다.

참된 자비란 나와 구별해서

남을 불쌍히 여기는 동정 같은 것이 아닙니다.

두려움도 아닙니다.

세상의 슬픔과 아름다움에 쉽게 흔들리는

우리네 마음일지라도 광대한 자비심을 품을 수 있습니다.

그 능력이 당신에게 있음을 잊지 마세요.

자비는 햇빛과 같아서 존재를 깨우고

기쁨을 가져다준다.

사랑의 아름다움은 무지개와 같아서

그것을 보는 모든 이들의 마음을 달뜨게 한다.

타탕 툴쿠Tarthang Tulku

사랑과 자비에는 이기심이 없습니다.

사랑을 실천해보세요.

다른 이를 대접하는 게 아니라

바로 나 자신을 대접하고 있음을 알게 될 겁니다.

사랑은 너와 나라는 구별을 없애줍니다.

자비는 세상의 고통과 슬픔을 내 것으로 만들게 합니다.

인간의 나약함을 인정할 때,

사랑과 자비는 우리 숨처럼 자연스러워질 겁니다.

서로를 부축하고 배려하는 데 전혀 거리낌 없는 세상,

그런 세상을 만들어가는 거지요.

자비는 동사다.

틱낫한Thich Nhat Hanh

우리 주변에는 자비를 베풀 일이 늘 존재합니다.

뉴욕의 세계무역센터가 화염에 휩싸였을 때의 일입니다.

한 남자가 68층에서부터 동료의 휠체어를 밀고

한 계단씩 내려갔습니다. 그들은 다행히도

제시간에 무사히 밖으로 빠져나올 수 있었습니다.

자신의 몸은 돌보지도 않은 채

다른 이들이 화염과 연기를 들이마시지 않도록

종이 타월을 건네주던 사람도 있었지요.

활활 불타오르던 건물로 들어간

소방대원들과 경찰들은 또 어떠한지요.

그들은 용기와 자비심으로

치명적인 위험조차 아랑곳하지 않았습니다.

이처럼 세상에는 고통 받는 이들 곁에서

그 고통을 자기 것으로 여기고

용기를 내어 사랑과 자비를 실천하는 사람들이 많습니다.

사랑은 크고 작은 것을 구별하지 않습니다.

모두 다 사랑할 만한 가치가 있는 것들이니까요.

이기심을 넘은 봉사란 영웅적인 행동,

사회에 엄청난 기부를 하는 것만 뜻하지 않는다.

사랑을 가진 사람은

작고 보잘것없는 일에도 사랑을 표현한다.

상심한 사람에게 건네는 격려의 말 한마디,

우울한 사람에게 보여주는 희망의 미소는

거창한 희생과 영웅적인 행동만큼 위대하다.

좌절을 극복하는 것 역시

무슨 희생까지는 아닐지라도 봉사에 해당한다.

이처럼 사소해 보이는 것들이

바로 우리 인생을 이루는 것이다.

조그만 일들을 무시하면

인생은 아름답지도 않을 것이며,

이 세상은 살기 힘든 곳이 될 것이다.

메허 바바

당신의 사랑을 키우세요.

모든 인간을 감싸고 전 세계를 감싸도록 말입니다.

아주 보잘것없는 미물에게까지 사랑을 베푸세요.

사랑의 마음에서 우러나온 사소한 행동 하나가

우리 하루를 변화시킵니다.

저녁만찬에 초대받은 적이 있나요?

주인은 포도주 병을 들고

손님들의 잔을 일일이 채워줍니다.

그리고 마지막에 자신의 잔을 채우지요.

자기 잔을 먼저 채운다고 해서

손님들에게 돌아가는 포도주의 양이 적어지지는 않습니다.

그러나 손님들 잔을 먼저 채워줄 때

식탁에 넘쳐나는 화기애애한 분위기를 보세요.

주인의 조그만 배려가 가져온 놀라운 변화입니다.

사랑과 자비는

특정 집단과 종교의 소유물이 아닙니다.

사랑과 자비는

모든 인간의 영혼과 세포 하나하나에 직조되어 있습니다.

그렇기 때문에 우리는

천성적으로 사랑과 자비를 키울 수 있답니다.

이해와 사랑 그리고 지혜는

특정 문화와 종교에 관계된 것이 아니다.

그 문화와 종교가 얼마나 오래되었는지,

얼마나 감동적인지 등의 문제와는

아무런 상관이 없다.

사랑과 자비는 인간이 묻고 찾고 귀 기울이고

두려움에 떨지 않고 응시할 때

내면으로부터 흘러나오는 것이다.

자신에 대한 배려가 요란하지 않을 때,

천상과 지상은 열리기 시작한다.

토니 패커Toni Packer

사랑과 자비는

우리 앞에 무엇이 있어도

배려하고 축복하는 능력을 줍니다.

사랑과 자비는

아무런 조건을 달지 않는 행복이자 자유이지요.

또 그 자체로 완전하고 충분한 것입니다.

사랑과 자비에 열린 영혼은

순간순간 모든 일에 관용을 베풉니다.

충분한 사랑이 정복하지 못하는

어려움과 고난이란 있을 수 없습니다.

충분한 사랑이 메울 수 없는 거리감도 없으며,

충분한 사랑이 극복할 수 없는

장애 역시 존재하지 않습니다.

나는 수술 받은 지 얼마 안 된

젊은 여성의 침대 옆에 서있었다.

그녀의 입가는 여전히 마비상태였다.

입 양 끝이 치켜 올라간 것이 마치 광대처럼 보였다.

그녀의 입술 쪽 근육에 있는 말초신경을 수술한 탓이었다.

앞으로 그녀는 쭉 그런 모습으로 살아야 할 터였다.

나는 외과의로서 신경을 건드리지 않고

볼에 있는 종양을 제거하기 위해 최선을 다했지만

수술 과정상 말단 신경의 일부는 절단해야만 했다.

그녀의 남편은 램프 불빛을 받으며 침대 반대편에 서있었다.

어쩐지 그들은 나와 동떨어진 세계에 있는 사람들 같았다.

범접하지 못하는 비밀스런 공간처럼

두 사람 주위에는 아우라가 둘러져 있는 듯했다.

나는 속으로 물었다. '도대체 이들은 어떤 사람들인가.

사랑스런 눈길로 아내를 내려다보는 남자와

치켜 올라간 입술을 하고도

저렇게 행복한 듯 남편을 응시하는 저 여자는 누구인가?'

그때 여자가 내게 물었다.

"내 입술이 앞으로도 쭉 이럴까요?"

"그렇습니다."

내가 대답했다. "신경을 잘라야 했거든요."

그녀는 고개를 끄덕였다. 그리고 말이 없었다.

그러자 젊은 남편이 미소를 지으며 말했다.

"좋은데, 뭘. 당신은 여전히 귀여워."

그 순간 나는 그들이 누구인지 깨달았다.

비로소 그들의 존재를 이해한 나는

그들에 대한 의문의 눈초리를 거두었다.

신 앞에서 그렇게 무례해서는 안 되기 때문이었다.

그들은 내 존재를 전혀 신경 쓰지 않았다.

남자는 몸을 숙여 약간 치켜 올라간

아내의 입술에 키스를 했다.

자신들의 사랑이 여전하다는 것을 보여주듯이.

나는 불멸하는 고대의 신들이 내 앞에 나타났음을 알았다.

시간을 초월해 존재하는 사랑의 신들의 만남에

경이로운 마음으로 오랫동안 숨을 죽이고 있었다.

리처드 셀저Richard Selzer

사랑은 당신이 머무는 곳

어디에서도 발견할 수 있습니다.

사랑은 우리가 생각하는 곳보다

훨씬 더 가깝고도 가까운 곳에 존재합니다.

성스런 존재를 찾고 있는가.

나는 바로 그대의 옆자리에 앉아 있노라.

내 어깨가 그대의 어깨를 스치고 있음을 알라.

카비르Kabir

성스런 존재를 찾고 계십니까.

제가 바로 당신의 옆자리에 앉아 있습니다.

제 어깨가 당신의 어깨를 스치고 있음을 잊지 마세요.

사랑은 순수합니다.

그리고 그 사랑 속에는 성심의 기쁨과 환희가 존재합니다.

하루는 소년 독자가

귀여운 그림이 그려진 카드를 보내왔습니다.

아주 마음에 드는 카드였죠.

나는 어린아이들이 보내는 카드에

일일이 다 답장을 보냅니다.

물론 어쩔 때는 아주 급하게 쓰기도 하지만

말입니다. 그런데 그 소년이 보낸 카드는

오래도록 잊을 수 없는 것이었어요.

나는 그 아이에게

괴물 그림을 그린 카드를 답장으로 보냈죠.

'네 카드를 받고 무척 기뻤단다.'

얼마 후 소년의 어머니로부터 편지를 받았습니다.

'어쩌죠? 우리 아들이 당신에게 받은 카드를

너무 좋아한 나머지 그만 먹어버리고 말았어요.'

그것은 내가 이제껏 받은 칭찬 중에서

최고의 것이었습니다.

그 아이는 유명한 그림 작가 모리스 센닥의

그림과 필체에는 관심조차 없었던 거죠.

그냥 내 카드를 보고 사랑하고

그런 후 먹어버린 겁니다.

모리스 센닥 Maurice Sendak

사랑은 개념 그 이상의 것입니다.

사랑은 온화하고 관대하며 직접적이고 즉각적입니다.

그러니 사랑을 생각 안에 가둬두어서는 안 되겠지요.

사랑은 그때그때 실천하고 표현할 때

진정한 모습으로 거듭 태어납니다.

만약 선한 일을 하고자 한다면

순식간에 해치워야 한다.

누구나 말할 수 있는 선이란

위선자의 변명이자 아첨꾼의 변명이며

악당의 변명이기 때문이다.

윌리엄 블레이크 William Blake

사랑은 물처럼 소박합니다.

결코 화려하지 않습니다.

그러나 물처럼 결코 멈추는 법이 없지요.

사랑은 세상을 고치려고 달려들지 않습니다.

우리가 할 수 있는 만큼

친절과 정의의 씨앗을 뿌리는 것만으로도

충분한 게 사랑입니다.

모든 사람의 고통을 다 내 책임으로 느끼면서

거창하게 시작한 것이 아닙니다.

그냥 한 사람 한 사람을 보았던 것뿐입니다.

사랑은 한 번에 한 사람에게만 베풀 수 있습니다.

한 사람씩 시작하는 겁니다.

제가 했듯이 당신도 그렇게 할 수 있습니다.

저는 한 번에 한 사람씩 거두어들였죠.

만약 그 한 사람을 끌어안지 않았다면

4만 2천 명이라는 사람도 있을 수가 없었을 거예요.

그래요, 바다도 한 방울의 물로 시작됩니다.

만약 그 한 방울을 더하지 않는다면

바다에는 한 방울의 물방울이 부족하게 되겠죠.

여러분도 마찬가지입니다.

당신의 가족과 이웃도 마찬가지입니다.

그냥 시작하세요.

한 사람, 한 사람, 한 사람씩 말입니다.

테레사 수녀

당신 가슴속에 담긴 사랑을 기억하세요.

사랑을 신뢰하고 경배하며, 사랑에 몸을 맡겨보세요.

당신에게 평화가 찾아올 것입니다.

내가 생각했던 것보다

나는 훨씬 더 위대하고 선량한 사람이었다.

나는 자신이 그렇게까지

선량하리라고는 생각지도 못했다.

월트 위트만 Walt Whitman

사랑의 연습

지금부터 말, 형상, 감정을 이용해서 사랑을 일깨우는 연습을 하게 됩니다. 그럼으로써 나 자신은 물론 다른 사람에 대한 친절을 일으킵니다. 각 명상문을 암송하면서 마음속 염원을 표현해보세요. 당신 안에서 사랑과 소망의 씨앗이 자랄 테니까요. 그 씨앗을 통해 당신이 시도하는 모든 것, 만나는 모든 것이 더 쉽게 열리고 자연스럽게 흘러갈 것입니다.

조용한 곳에 편안하게 앉으세요. 15분에서 20분이면 사랑을 키우는 연습을 시작할 수 있습니다. 편안한 자세로 앉으세요. 몸과 마음을 편하게 하고 긴장을 푸세요. 마음을 부드럽게 하고 온갖 잡념들을 버리세요. 먼저 당신 자신을 사랑하는 연습부터 시작합니다. 당신부터 시작하는 이유는 자신을 사랑하지 않고 다른 사람을 사랑하기란 불가능하기 때문입니다. 부드럽게 호흡하면서 이렇게 되뇝니다.

내가 사랑으로 가득 차길 바랍니다.

안팎의 모든 위험으로부터 안전하길 바랍니다.

편안하고 행복하길 바랍니다.

그렇게 계속 되뇌면서 현재 당신의 모습을 가만히 그려보세요. 그 이미지를 사랑의 마음으로 품어보세요. 어리고 사랑받는 아이로 자신을 그리는 것이 더 쉬울 수도 있습니다.

당신이 바라는 것을 말이나 형상으로 만들어보세요. 사랑에 마음을 여는 것으로 가장 적합하다고 느껴지는 말을 반복합니다. 계속해서 반복하고 또 반복합니다. 그 감정이 당신 몸과 마음에 스며들도록 말이에요. 몇 주 동안 이렇게 연습해보세요. 그리고 당신 내면에서 사랑과 자비가 자라는 것을 느껴보세요.

이 연습은 때로 기계적이고 우스꽝스럽게 느껴질 수도 있습니다. 오히려 사랑과는 정반대의 감정이 생길 수도 있습니다. 귀찮아지고 화가 날수도 있지요. 그렇다면 더욱더 인내하고 당신 마음에 집중하세요. 어떤 감정이든 친근하고도 애정어린 마음으로 받아들이세요.

어떤가요? 자신을 위해 예전보다 더 큰 사랑과 자비의 감정을 채웠다고 느끼나요? 그렇다면 그 범위를 다른 사람에게 넓혀야 합니다. 5분에서 10분 정도 자신에게 집중한 다음, 당신을 진정으로 사랑했거나 배려한 사람을 선택하세요. 머릿속에 그 사람을 그리면서 이렇게 읊조리세요.

당신에게 사랑이 가득하기를 바랍니다.
그 어떤 어려움에서도 안전하길 바랍니다.
몸과 마음이 건강하기를 바랍니다.
평안하고 행복하기를 바랍니다.

사랑하는 사람의 이미지와 감정을 가득 채운 채 계속해서 사랑을 연습하세요. 이미지와 감정이 선명하지 않아도 결코 문제될 것은 없습니다. 앞으로 당신이 떠올려야 할 사람들은 아주 많으니까요. 계속해서 사랑의 씨앗을 뿌리며, 마음속에 무엇이 떠오르든 상관없이 부드럽게 암송합니다.

사랑하는 이나 고마운 이에게 표현하는 감사의 마음은 매우 자연스런 사랑의 마음입니다. 하지만 자신에 대한 사랑과 자비를 찾는 일에는 아주 힘겨워하는 사람도 있습니다. 그럴 때는 자신에게 사랑과 은혜를 베풀었던 사람을 떠올려보세요. 무엇보다 중요한 것은 당신 마음이 수월하게 열리는 것이니까요.

은인에 대한 사랑과 자비가 느껴지면 점차 그 범위를 넓히기 시작합니다. 사랑하는 사람을 그려보고 사랑의 명상문을 암송하세요. 한 사람 한 사람씩 사랑의 감정을 더욱더 키웁니다.

그 상태에서 다시 사랑의 범위를 넓혀갑니다. 친구들, 이웃들, 나아가 당신이 아는 모든 사람들, 동물들… 모든 존재와 전 지구에 이르기까지 사랑의 마음을 넓히세요. 그리고 마지막으로 당신을 힘들게 했던 사람과 적들까지 떠올려보세요. 그들 역시 사랑과 자비로 가득 차도록 기원합니다.

이 단계까지 오려면 많은 노력과 연습이 필요할 겁니다. 그러나 일단 마음이 열리면 사랑하는 사람과 친구에게처럼 다른 이에게도 그 마음을 열고 싶어질 겁니다.

사랑은 어디서든 연습할 수 있습니다. 차가 막히는 거리에서나 버스 안에서, 비행기 안에서도 연습할 수 있습니다. 사람들로 북적대는 공간에서도 사랑을 연습하면 아주 놀라울 정도로 타인과의 친밀감을 느낄 것입니다. 그것이 바로 사랑의 힘입니다.

사랑의 힘은 당신의 마음을 진정시키고, 당신 마음과 다른 이들의 마음을 하나로 이어줍니다.

자비와 감사, 기쁨은 사랑을 키우는 협력자들입니다. 자비는 다른 이의 슬픔을 배려할 수 있도록 당신 의식을 깨우쳐줍니다. 감사와 기쁨은 자비가 껴안은 슬픔에 균형을 맞추어 우리 안에 있는 고매한 영혼을 각성시켜 주지요.

사랑을 연습할 때는 마음이 당신에게 말을 거는 그대로 놓아두세요.

마음이
당신에게 말을 거는 그대로 놓아두세요.

고통 함께하기

우리에게는 삶의 고통을 놀라운 자비의 샘으로 변화시키는 능력이 있습니다. 고통과 마주칠 때 자비는 온유한 힘을 발휘합니다. 자비란 다른 이들의 고통과 수고로움에 기꺼이 공감하는 거지요.

먼저 원으로 둘러싸인 곳에 조용히 앉습니다. 부드럽게 숨을 쉬고 당신의 몸, 심장 박동, 당신 내면을 가득 채운 생명력을 생생하게 느껴봅니다. 그리고 자신의 인생을 얼마나 귀하게 여기는지 느끼고, 인생이 던지는 슬픔에서 어떻게 자신을 보호할지 생각합니다.

시간이 지나면 가까운 사람, 사랑하는 사람을 떠올려봅니다. 그들에 대한 당신의 염려와 배려를 느껴보세요. 그들에게 건네는 속삭임을 주의 깊게 들어보세요. 그들의 슬픔과 고통도 인식해보세요. 그런 후 그들이 잘되었으면 하는 마음, 그들이 편안해졌으면 하는 마음, 그들의 고통을 나누고자 하는 마음이 열리게 한 후 자비와 조우하게 하세요.

마음은 자비롭게 열리도록 되어 있습니다. 자비심을 더욱 키우기 위해서 나지막하게 읊조립니다.

당신에게 자비가 가득하기를 바랍니다.
그 어떤 어려움에서도 안전하길 바랍니다.
몸과 마음이 건강하기를 바랍니다.
평안하고 행복하기를 바랍니다.

그들을 마음속에 품고 있는 동안 이런 말을 반복해서 되뇝니다.
가까운 친구에 대한 깊은 배려와 염려를 느꼈다면, 이제 그 마음을 당신이 지닌 고통으로 향하게 하세요. 그리고 또 나지막하게 읊조립니다.

내 안에 자비가 가득하기를 바랍니다.
그 어떤 어려움에서도 안전하길 바랍니다.
몸과 마음이 건강하기를 바랍니다.
평안하고 행복하기를 바랍니다.

이제 당신이 알고 있는 다른 사람에게로 자비를 넓혀봅니다. 사랑하는 사람들을 한 사람씩 마음속에 떠올리고 그 이미지에 집중하세요. 그들이 겪는 어려움과 곤경을 느끼고 그들의 평안함을 기원하세요.

　　당신에게 자비가 가득하기를 바랍니다.
　　그 어떤 어려움에서도 안전하길 바랍니다.
　　몸과 마음이 건강하기를 바랍니다.
　　평안하고 행복하기를 바랍니다.

다시 자비를 더 넓혀갑니다. 당신의 친구, 이웃, 지역사회의 모든 사람들, 당신을 힘들게 했던 사람과 적들, 나아가 살아있는 모든 형제들의 고통을 느끼고 그들에게도 자비의 손길을 건네보세요.

당신에게 기쁨을 주는 모든 존재들의 아름다움을 느끼고, 당신 가슴에도 전달되는 그들이 지닌 고통의 파장을 받아들이세요. 모든 삶과 사물들은 결국 하나로 연결되어 있습니다.

자, 이제는 세상의 고통을 변화시킬 차례입니다. 당신은 그 변화의 주체가 될 수 있습니다. 깊게 호흡하면서 마음을 들여다보세요. 당신이 지금 들이쉬고 내쉬는 것은 바로 자비심입니다. 세상의 고통이 들숨이 되고, 내면에서 우러나오는 자비가 날숨이 됩니다.

살아있는 것들이 겪는 슬픔과 고통을 호흡하세요. 들숨을 통해 그들의 고통과 슬픔이 진정 당신의 내면과 일체화될 겁니다. 그 고통과 슬픔에 공명하는 마음을 자비심으로 바꾸어보세요. 모든 존재의 평안함을 바라는 자비심이 날숨이 되어 세상을 점차 바꾸어놓을 겁니다.

그들에게 자비가 가득하기를 바랍니다.
그 어떤 어려움에서도 안전하길 바랍니다.
몸과 마음이 건강하기를 바랍니다.
평안하고 행복하기를 바랍니다.

숨을 내쉴 때마다 당신 마음이 세계의 고통을 다 받아들이는 불꽃인 듯 바라보세요. 이제 자비의 온화한 빛으로 고통을 비춰보세요. 당신 자신에게 온유하게 대하세요. 내면의 불길이 은은하게 타오르도록 놔두세요. 내면에서 저항이 일어나면 그 불길이 자비를 막는 모든 장애물을 태우도록 하세요. 그리하여 마음이 본래의 관대하고 열려 있으며 두려움 없는 상태로 되돌아갈 수 있게끔 배려하세요.

이제 당신은 자비를 실천할 준비가 되었습니다. 굶주린 자들의 슬픔과 고통을 들숨으로 가슴에 품으세요. 전쟁으로 고통 받는 이들의 비탄을 들숨으로 안으세요. 무지의 슬픔을 들숨으로 받아들이세요.

이제 살아있는 모든 존재를 떠올리며, 자비가 가진 치유의 향기를 날숨으로 퍼뜨릴 때입니다. 멈추지 말고 깊게 호흡합니다. 계속해서 반복합니다. 살아있는 것들이 지닌 슬픔이 당신 안에서 그대로 느껴질 겁니다. 모든 날숨을 통해 자비의 치유와 관대함을 베푸세요. 땅의 어머니처럼 가슴속에 세계를 품고, 모든 존재가 당신의 들숨 안에서 서로 낯익게 하세요. 서로 자비롭게 엉기게 하세요.

계속 호흡하면서 평안함을 유지합니다. 이제 당신은 자비의 중심이 되었습니다.

이처럼 자비심을 키우는 연습은 직관적으로 하는 것이 좋습니다. 물론 어려울 때도 있을 겁니다. 고통이 당신을 압도하는 순간도 찾아올 겁니다. 그러나 잊지 마세요. 우리가 세상의 고통을 모두 치유하고 잘못을 바로잡으려는 것이 아님을 말입니다. 우리는 그저 그 고통을 내 자비심 안에서 만날 수 있을 뿐입니다.

긴장을 풀고 온유한 마음을 가지세요. 호흡을 계속하면서 경계를 풀어야 합니다. 그저 바라보기만 하세요.

만약 어려움이 느껴지면 자신의 행복으로 관심을 바꾸어도 좋습니다. 자비심을 갖고 인내해보세요.

자비심이 열리면 점차 마음 여는 일을 연습해야 합니다. 그러다보면 어느새 살아있는 모든 생명들에게 마음을 열 수 있는 힘이 자꾸만 커짐을 느끼게 될 겁니다.

세상의 고통과 만나세요. 그들이 구원의 손을 내밀면 언제라도 자비심으로 돌아가세요.

감사하기

어려움 속에서도 행복할 수 없다면
영혼을 수련하는 일에 무슨 의미가 있겠는가?

마하 고사난다 Maha Ghosananda

불교 승려들은 하루를 생의 축복에 감사드리는 일로 시작합니다. 미국 인디언의 경우, 최고령자가 지구 어머니와 하늘 아버지, 온 세상과 동식물 및 광물 형제와 자매들에게 감사드리는 의식을 행합니다. 이 세상과 삶을 공유하고 지탱해주는 것들에 제일 먼저 감사의 기도를 드리는 것이지요. 티베트 승려들은 자신에게 주어진 고통에 대해서조차 감사하는 기도를 합니다. '내 안에 심오한 자비와 지혜를 일깨워준 고통에 감사합니다' 하고요.

감사란 우리를 존재하게 해주는 것들을 온화하게 인정하는 것입니다. 우리가 받은 축복, 크고 작은 것들, 매일의 삶을 유지시켜주는 모든 재화와 순간순간들에 고맙다고 인사하는 것입니다.

우리에게는 감사해야 할 것이 매우 많습니다. 감사는 삶 자체에 대한 신뢰입니다. 시멘트 도로의 갈라진 틈에서 들풀을 세상 밖으로 밀어내는 것과 똑같은 힘이 우리를 삶의 바닥에서부터 받쳐주고 밀쳐주고 있는 것입니다.

감사는 마음을 기쁘게 해줍니다. 그것은 결코 감성적인 것이 아닙니다. 감사는 또한 질투하지도 비교하지도 않습니다. 감사란 경이로움 속에서 비와 흙이 주는 수만 가지 은총을 받고, 모든 생명을 지탱하는 배려와 보살핌을 얻는 일입니다.

그러니 감사하는 마음이 커질수록 기쁨도 커지겠지요. 당신이 가진 감사의 자산과 다른 이의 자산 안에서 기뻐하시길.

마음이 열린 사람에게 기쁨은 아주 자연스러운 일입니다. 열린 마음 안에서 기쁨은 두려운 존재가 아닙니다. 우리가 받은 행복을 경배한다고 해서 세상의 고통을 외면하는 것은 아니니까요.

감사와 마찬가지로 인생에 대한 기쁨 역시 우리 내면을 더욱 풍요롭게 합니다. 주변을 둘러보세요. 사랑하는 사람들, 선한 일을 했을 때의 순간, 태양과 나무들, 우리 가슴을 채우는 공기… 감사하고 기뻐해야 할

마음이 열린 사람에게
기쁨은
아주 자연스러운 일입니다.

것들이 정말 많지 않나요? 그 기쁨이 커질수록 아무런 이유 없이도 행복을 느끼는 경지에 도달할 수 있습니다.

조용한 곳에 편안한 자세로 앉습니다. 긴장을 풀고 몸과 마음을 연다고 생각합니다. 자연스럽게 호흡하면서 편하게 있습니다. 이제까지 자기 인생을 위해 쏟은 정성을 느끼며 감사하는 마음을 갖습니다. 그리고 이제껏 당신의 인생을 지탱해준 모든 것을 인정하고 고마워하세요.

나는 감사를 통해
사람, 동물, 식물, 곤충, 하늘, 바다, 들, 물 등
모든 것들을 기억합니다.
매일같이 반복되는 고된 노동과 일을 통해
내 인생을 축복하는 사람들을 기억합니다.
내 앞에 존재했던 모든 연장자들과 선조들의
배려를 기억합니다.
그들의 노동을 기억하며 고개 숙여 감사드립니다.
이제까지 받은 안락함과 행복에 감사드립니다.
이제껏 받은 지구상의 축복에 고개 숙여 감사드립니다.

친구와 가족들에게 감사드립니다.

이웃에게 감사드립니다.

이제껏 받은 가르침에 감사드립니다.

당신이 받은 축복에 감사드리듯 다른 사람이 받은 축복에 대해서도 감사할 수 있습니다.

계속 부드럽게 호흡합니다. 그러면서 당신이 배려하는 누군가를 마음속에 떠올려봅니다. 함께 즐거워할 수 있는 사람이면 더 좋겠지요. 그들을 떠올리며 그들의 안녕, 행복, 성공을 위해 당신이 갖는 배려와 기원의 기쁨을 느껴보세요. 숨을 쉴 때마다 그들을 향해 진심으로 기원하세요.

당신이 행복하길 바랍니다.

당신의 행복이 더욱 커지길 바랍니다.

당신이 위대한 행복에서 멀어지지 않기를 바랍니다.

재산이 커지고 행복과 즐거움의 원천이

더욱더 커지길 바랍니다.

명상문을 읊조릴 때마다 그들의 기쁨에 공감해보세요. 사랑하는 사람의 행복에 대해 감사의 마음이 흘러나오면 이번에는 다른 사람을 떠올려보세요. 마찬가지로 감사의 명상문을 읊조리며 당신이 진정으로 바라는 마음을 표현합니다.

그런 후 힘겨운 사람들, 심지어 적에게까지 그 감사의 마음을 키워보세요. 나중에는 모든 생명체까지 배려해보세요. 새롭고 오래된 것, 가까운 것과 멀리 있는 것에까지.

당신이 행복하길 바랍니다.

당신의 행복이 더욱 커지길 바랍니다.

당신이 위대한 행복에서 멀어지지 않기를 바랍니다.

03
평화

인간의 마음은 늘 갈등을 일으킵니다.

그러나 한편으로는 평화도 만들어내지요.

세상이 평화롭길 바란다면

먼저 우리 안에서 평화를 찾아야 합니다.

평화보다 더 큰 행복은 없다.

붓다

나 자신이 평화롭지 않고서는
평화로운 세상을 만들 수 없습니다.

인간 내면에는

우주처럼 광대한 고요함이 존재합니다.

우리는 그 고요를 갈구합니다.

그리고 언제라도 그 고요함 속으로

다시 돌아갈 수 있습니다.

평화를 원하나요?

그렇다면 전쟁, 인종주의, 폭력, 탐욕,

세상의 고통과 부당함에 눈감아서는 안 됩니다.

자비와 용기로 맞서야 합니다.

정의를 추구하지 않는다면

평화도 존재하지 않을 테니까요.

무엇을 하든, 어떤 상황에서든 전쟁, 폭력, 공포가

당신 마음을 지배하도록 내버려두지는 마세요.

자신이 평화롭지 않고서는

평화로운 세상을 만들 수 없습니다.

정원을 초과한 난민 보트가

폭풍이나 해적을 만난다고 생각해보라.

모두가 당황해서 우왕좌왕하는 사이

배는 뒤집어지고 말 것이다.

그러나 단 한 사람이라도 침착하게 대응한다면

그는 모든 사람의 생명을 구할 것이다.

한 사람만으로 충분하다.

모두가 살아남을 수 있는 방법은 바로 거기에 있다.

단 한 명의 깨어 있는 사람,

그가 인류를 구원할 것이다.

틱낫한

감정의 즉각적인 대응을 초월한 사람이 있다.

그는 땅처럼 인내하며,

분노와 두려움의 불길에 휩싸이지도 않고,

기둥처럼 흔들림 없고,

고요하며 조용한 물처럼 동요치 아니한다.

법구경

평화는 한쪽으로 기울지 않은

평형감각과 균형에서 태어납니다.

균형을 가진 사람은 유연하며 품위 있게

변화에 적응할 줄 압니다.

균형을 잃지 않고 존재를 있는 그대로 받아들일 때

우리에게 평화가 찾아옵니다.

오르막과 내리막,

그것이 삶이라는 것을 받아들인다면

우리 마음은 더 쉽게 평화로울 수 있을 것이다.

라마 예쉬Lama Yeshe

삶의 경이로움과 신비를 알고 싶은가?

그러면 먼저 인간됨의 명예는 물론

그 속됨이 갖는 야수성까지 인정해야 한다.

인간의 속된 속성이

무덤까지 따라간다는 진리를 인정하는 것이다.

고통도, 슬픔도, 시간도, 죽음도 없이

우주가 탄생했다고 아는 자는

결코 우주의 진리를 아는 것이 아니다.

그러므로 당신이 이 세계를 돕고자 한다면

이 세계 안에서 어떻게 살아가는가를 가르쳐야 한다.

기쁨 가득한 슬픔, 슬픔 속의 기쁨이

바로 인생임을 알고

그 안에서 어떻게 살아야 하는지를

배우지 못하는 사람,

그는 아무것도 할 수 없다는 사실을 가르쳐야 한다.

조셉 캠벨 Joseph Campbell

칭찬과 비난, 얻는 것과 잃는 것,

기쁨과 고통, 명성과 불명예.

이 여덟가지야말로 속세에 끊이지 않고 부는 바람입니다.

그 바람은 언제나 쉬지 않고 불어댑니다.

하지만 평화로운 마음은

아무리 거센 바람에도 동요하지 않습니다.

산이 바람에 흔들리지 않는 것처럼

지혜로운 자의 마음 역시

속세의 모든 바람에 흔들리지 아니 한다.

붓다

오르막과 내리막,

그것이 삶이라는 것을 받아들인다면

마음은 더 쉽게 평화로울 수 있을 것입니다.

기쁨과 슬픔을 다 끌어안을 때

우리 마음은 더욱 온유해지고 현명해질 수 있습니다.

우리는 모든 존재가 선을 위해

협력한다는 확신을 가지고 있습니다.

그렇기에 저 칠흑 같은 어둠을 헤치고

앞으로 나아갈 수 있는 것입니다.

마틴 루터 킹

평화란 변화와 어려움이 없는 상태가 아닙니다.

삶에 대한 무관심이나 의기소침함도 아닙니다.

겉으로는 평화인 척하지만 실은 두려움 때문에

마음을 걸어 잠그는 가짜 평화도 있습니다.

수많은 가짜 가운데서 진짜를 현명하게 알아봐야 합니다.

두려움으로 움츠린다면 우린 도망자일 뿐입니다.

관계를 끊으면 안전하리라 생각하나요?

하지만 그것은 참된 평화를 가져다주지 않습니다.

그러니 두려움으로 뒷걸음치지 마세요.

두려움 때문에 물러선다면

평화는 너무나도 요원해지고 맙니다.

간혹 무관심이 평화인 척합니다.

그러나 무관심은 배려가 아닌 포기일 뿐입니다.

두려움의 포로가 되어 뒷걸음치는 것입니다.

그저 남의 일이라고 방치하는 순간

당신 내면의 용기조차 당신 곁을 떠나는

장면을 목격하게 될 것입니다.

자신을 보호한다는 명목으로 무관심 뒤에 숨지 마세요.

당신이 다다르는 곳은 결국 막다른 골목일 테니까요.

마음의 평화는 감정적인 포기가 아닙니다.

이 세상을 보세요.

변하지 않는 거라고는 하나도 없는 무상한 세계입니다.

그래서 우리는 열린 마음으로 자비를 베풀어야 합니다.

그제야 비로소 당신에게는 평화가 깃들기 시작할 겁니다.

균형 감각을 가진 당신은

결코 다른 것을 지배하지 않으면서도

충분히 배려할 수 있습니다.

우리에겐

다른 이에게 베풀 사랑이 얼마든지 있습니다.

우리는 세상의 고통을 덜어낼 수 있습니다.

그러나 여전히 우리가 어찌지 못하는

일들도 있기 마련입니다.

그럴 땐 이렇게 기원해보세요.

내가 바꿀 수 없는 일을 받아들이는

평정함을 갖기를 기원합니다.

내가 변화시킬 수 있는 일이라면

변화시킬 수 있는 용기를 갖기를 기원합니다.

그 차이를 아는 지혜를 갖기를 기원합니다.

받아들임은 무위無為가 아닙니다.

때로는 강하게 대응할 필요도 있습니다.

당신이 평화의 중심에 있다면 즉각적인 반응이 아니라

사려 깊은 대응을 할 수 있습니다.

즉흥적이고도 무의식적인 반응은 문제만 일으키지만

사려 깊은 대처는 평화를 가져다줍니다.

평화를 가진 마음만이 지혜를 가지고

모든 상황에 대처해나갈 수 있습니다.

평화는 나약하지 않습니다.

평화야말로 흔들리지 않고 강건합니다.

모든 것은 지나갑니다.
바꿀 수 없는 일은 그냥 받아들이세요.
삶을 있는 그대로 존중하며 받아들일 때,
우리에게 주어진 슬픔과 기쁨을 그대로 받아들일 때,
참된 평화가 찾아옵니다.
참된 행복이 찾아옵니다.

속세의 것을 너무 꼭 쥐면 집착이 생겨나게 마련입니다.

원하는 대로 되었으면 하는 바람,

그 안에서 분노가 태어나지요.

삶의 무상함을 이해하지 못하는 데서

청정한 마음을 가리는 먹구름이 끼는 것이랍니다.

집착도, 두려움도 없이

인생의 맨얼굴을 그대로 받아들여라.

삶의 맨얼굴을 신뢰하면 참된 평정함을 얻을 것이니.

바가바드 기타

삶의 계절을 있는 그대로 존중하며 받아들일 때

참된 평화가 찾아옵니다.

그처럼 참된 모습 안에서 신뢰하고 휴식하며,

우리에게 주어진 기쁨과 슬픔을

받아들이는 법을 배우게 됩니다.

컵에 담긴 물에 소금 한 숟갈을 넣으면 짠맛이 납니다.

그러나 그 소금을 맑은 호수에 넣는다고

물맛이 짜게 변하진 않습니다.

그냥 깨끗한 호수 그대로지요.

당신 마음이 하늘처럼 넓고 바다같이 광대할 때

평화는 흔들릴 수 없습니다.

하늘이나 바다처럼 넓은 마음이

어떻게 가능하냐고요?

잘되는 일도 하나 없고 주위엔 미운 사람 투성이인데

어찌 평화로워질 수 있느냐고요?

지레 겁먹지 마세요.

당신을 과소평가하지 마세요.

나는 그저 평범한 재능을 지니고

태어난 평범한 사람입니다.

내가 이룬 것은 누구라도 이룰 수 있습니다.

내가 가졌던 희망과 신념에다 노력을 기울인다면

그 누구라도 이룰 수 있는 것입니다.

간디

평화를 찾고 싶다면

더 이상 인생과 싸우려 들지 않아야 합니다.

투쟁을 멈추어야 평화가 들어설 자리가 생겨납니다.

인간은 끊임없이 인생과 싸움을 벌인다.

통제하거나 지배하거나 내 마음대로 할 수 없는

일이 있다는 사실을 외면하려 하기 때문이다.

우리가 어쩌지 못하는 일이 있다는 진실을

받아들이지 못하기에 인간은 늘 고통을 만들어낸다.

선의 이름으로 악과의 전쟁을 선포하고,

옳고 그름을 가리기 위해

크고 작은 일로 전쟁을 치른다.

용기백배해서 끊임없이 전쟁만 치르는 것이

바로 우리 인간이다.

아잔 차 Ajahn Chah

자신을 믿으세요.

마음이 평화롭고 자유로워지려면

내려놓는 용기가 필요합니다.

지금부터 도전해보세요.

안전은 대부분 미신적이다.

자연 속에 안전이란 존재하지 않는다.

그 어떤 아이도

완전한 평화와 안전을 경험하진 못한다.

장기적으로 봤을 때, 위험을 피하는 것은

위험에 직접 노출되는 것보다 더 안전하지 않다.

인생은 도전 아니면 아무것도 아니다.

헬렌 켈러Helen Keller

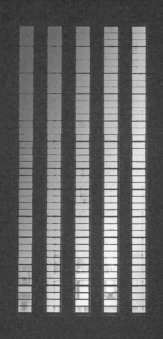

자신의 인생과 싸우려 들지 않아야 합니다.
그저 자신을 믿고 무조건 내려놓으세요

미국의 한 여행객이

폴란드의 랍비 호페츠 체임Hofetz Chaim을 찾았습니다.

그 여행객은 책 몇 권과 탁자

그리고 의자만 있는

단출한 랍비의 방 안을 보고는 놀랐습니다.

"도대체 가구들은 어디에 있나요?"

여행객이 물었습니다.

그러자 랍비가 되묻습니다.

"당신 가구는 어디에 있소?"

"저는 그저 여행객일 뿐인데요."

"나 역시 잠시 왔다가는 여행객일 뿐이오."

남의 머리 꼭대기에서

좌지우지할 수 있다는 착각을 포기할 때 평화가 옵니다.

우리의 아이, 연인, 가족, 친구들을

배려할 수는 있습니다.

하지만 그들을 소유할 수는 없습니다.

그저 그들을 도와주고,

그들을 위해 기도하고,

그들의 평화를 기원하세요.

저마다의 행복과 고통은 전적으로

자신의 생각과 말, 행동에 달려 있습니다.

누군가의 소망에 따라 달라지는 것은 아니랍니다.

다른 사람을 위한답시고

어리석을 정도로 착하게 굴 필요는 없습니다.

지나치게 착하고자 노력하다보면

오히려 중심을 잃을 수도 있답니다.

수많은 다툼에 끼어들어 해결하고자 하는 그대.

주변에서 요구하는 것은 다 들어주려 애쓰고

이런저런 계획에 몰두하며

만사를 다 해결하고자 나서는 것은

우리 시대의 또 다른 폭력에 굴복하는 것일 뿐이다.

토마스 머튼

여기 변치 않는 진실 하나가 있습니다.

어떻게 살아도 어려움은 늘 존재한다는 것입니다.

당신에게도, 당신이 아닌 다른 사람들에게도.

망망하고 캄캄한 바다 한가운데서

두려움에 떠는 것이 어떤 것인지를 안다면

다른 사람들이 겪을 두려움과 외로움을 이해할 수 있다.

내가 그렇게 힘겹고 외롭게 대서양을 횡단했듯이

다른 이들도 저마다의 역경을 헤치면서

그렇게 힘겹게 살아가고 있다.

최초로 대서양을 횡단한 여성, 토니 머든 Toni Murden

이제 진실을 받아들이세요.

우리 주위에 항상 어려움이 있다는 진실을 받아들이세요.

주신 이도 하느님이요 거두시는 이도 하느님이라.

욥기 1:21

그렇다고 좌절하지는 마세요.

지금 당장 힘들다고 해서

희망을 버리진 마세요.

꽃이 떨어진 바로 그 자리에 열매가 열리는 법이랍니다.

모든 일에는 때가 있고 기한이 있나니.

날 때가 있고 죽을 때가 있으며

심을 때가 있고 심은 것을 뽑을 때가 있으며

죽일 때가 있고 치료할 때가 있으며

헐 때가 있고 세울 때가 있으며

울 때가 있고 웃을 때가 있으며

슬퍼할 때가 있고 춤출 때가 있도다.

전도서 3:1-8

도가에는 이런 말이 있습니다.

앞설 때도 있고 뒤처질 때도 있다.
움직일 때도 있고 쉴 때도 있다.
기운찰 때도 있고 지칠 때도 있으며
안전할 때도 있고 위험에 처할 때도 있다.

깨달은 자는 사물을 있는 그대로 보며
절대 지배하거나 통제하려 들지 않는다.
그는 존재하는 것들을 있는 그대로 놓아두며
그 중심에 머무른다.

우리 모두는

지상에 잠시 왔다가는 여행자입니다.

내려놓으십시오.

내려놓는다는 것은 버리는 것이 아닙니다.

있는 그대로 존재하도록 놔두는 것입니다.

있는 그대로 놔둘 때

살아있는 것들은 모두 제 갈 길로 갑니다.

내려놓는다는 것은 버리는 것이 아닙니다.

있는 그대로 존재하도록 놔두는 것입니다.

있는 그대로, 자비심으로 받아들일 때,

살아있는 것들은 모두 제 갈 길을 갑니다.

아직 일어나지도 않은 일로

마음을 괴롭히는 것만큼 어리석은 일도 없습니다.

우리가 선택할 수 있는 건 매순간 자신의 행동뿐입니다.

그 행동의 결과는 결코 선택할 수 없습니다.

인간이 가진 자유의 비밀은 제대로 행동하는 것이다.

결과에 집착하지 않고.

바가바드 기타

어떤 씨앗도 꽃을 보지는 못한다.

선禪의 가르침

잠시 한발 비켜서보세요.

바야흐로 새로운 것들이 우르르 태어날 것입니다.

괜한 염려와 잡생각은

불필요한 문제만 만들어낼 뿐이지요.

있는 그대로 삶을 대한다면 걱정할 일은 없을 겁니다.

내 인생은 아주 끔찍한 불행으로 채워져 있다.

물론 그 대부분은 실제로 일어나지 않았다.

마크 트웨인Mark Twain

물론 살다보면 예기치 않은 일들도 많습니다.

그리고 세상에는 변하지 않는 것들이 없지요.

그러나 아무리 힘든 일이 생겨도

그 어려움을 대하는 마음이 흔들리지 않는다면

행복을 지킬 수 있습니다.

많은 사람들이 마음은 거울이라고 말한다.

마음은 그 앞에 선 것들을 비춰준다.

그리고 새로운 것을 창조해내기도 한다.

라빈드라나드 타고르 Rabindranath Tagore

우리는 괜한 걱정과 두려움 속에서 길을 잃습니다.

인간이기 때문입니다.

그러나 숨을 쉬고 자비심을 일으키고

신뢰를 기억해내는 것 또한 바로 우리 자신입니다.

그러니 자신의 마음을 믿으세요.

세상사 모든 실타래는 마음에서부터 만들어집니다.

그러나 그 얽히고설킨 실타래를 풀어 자유를 주는 것

또한 바로 마음입니다.

마음에 무슨 대단한 것이 있어서일까요?

마음은 그저 생각일 뿐이고

생각은 공허한 것이라는 사실만 깨닫는다면

우리가 마음에 속을 일은 더 이상 없을 것입니다.

크엔체 린포체Khyentse Rinpoche

우리는 존재하는 모든 것과 다툽니다.

자신이나 남을 판단하고 비난합니다.

그러나 변할 수 없는 것을 받아들이기도 합니다.

평화는 진실을 받아들이는 열린 마음에서부터 나옵니다.

계속 집착하시겠습니까?

아니면 두려움에서부터 벗어나

지금 이 순간 온유함에서 쉬시겠습니까?

삶의 지혜는

한쪽으로 부주의하게 휩쓸리는 것도 아니고,

과거에 집착하는 것도 아니다.

순간순간마다 감각의 촉수를 벼리고,

순간이 새롭고 귀하다는 사실을 깨달으며,

열린 마음으로 모든 것을 받아들일 때,

거기에 삶의 지혜가 담긴다.

앨런 왓츠Alan Watts

삶의 지혜는 먼저 자신을 믿는 것입니다.
삶의 그다음 지혜는
열린 마음으로 모든 것을 받아들이는 겁니다.

지금 이 순간에 살기 위해서는

자신을 훈련해야 한다.

눈에 보이는 것은 그저 보이는 것이요,

귀로 듣는 것은 그저 들리는 것이며,

감각하는 것은 그저 감각된 생각일 뿐.

그곳에 고통의 끝이 있다.

붓다

지금 당장 평화를 얻기 위해서

우리가 해야 할 일에는 무엇이 있을까요?

지금 당장 평화를 얻기 위해서 무엇을 내려놓아야 할까요?

기차를 탄 여행객은 짐을 내려놓습니다.

그리고 휴식을 얻습니다.

삶의 여행객인 당신도 짐을 내려놓으세요.

인생이 데려다주는 대로 몸을 맡기고

이제는 쉬어야 합니다.

걱정하지 마세요.

우리 모두는 밑으로 떨어지지 않고

서로 헤어지지 않을 인연의 그물 안에 존재하니까요.

우리는 상호성이라는 빠져나갈 수 없는

네트워크에 연결되어 있으며,

신성神聖이라는 단 하나의 갑옷으로

보호받고 있습니다.

마틴 루터 킹

저마다에게는 조그만 역할들이 주어져 있습니다.

그 하나하나가 모여 전체를 이루지요.

다람쥐 한 마리가 비둘기에게 물었습니다.

"비둘기야, 눈송이는 도대체 얼마나 무겁니?"

"글쎄, 그까짓 거 아무것도 아니지."

비둘기가 대답했습니다.

"그럼 내가 아주 엄청난 얘기를 해줄게."

다람쥐는 비둘기에게

다음과 같은 이야기를 들려주었습니다.

"하루는 내가 전나무 아래 앉아 있는데

눈이 내리기 시작했어.

그렇게 많이 내린 것도 아니고 막 쏟아지지도 않았어.

눈송이들이 가볍게 흩날리는데

온 세상이 마치 꿈결처럼 아득해지는 거야.

별로 할 일도 없고 해서 나뭇가지마다 떨어지는

눈송이들을 세보기 시작했지.

374만 1천 952개째나 되었을까.

네 말대로 아무 것도 아닌 그 눈송이 하나가

나뭇가지 위에 앉자마자 나뭇가지가 부러진 거야."

다람쥐는 그렇게 얘기하고는 어디론가 사라졌지요.

비둘기는 한참 생각을 하더니 이렇게 중얼거렸습니다.

"세상에 평화가 오게 하려면

단 한 사람의 목소리가 더 필요한 것인지도 모르겠군."

커트 카우터Kurt Kauter

씨앗을 뿌리지 않은 곳에 꽃이 자라지는 않을 것이다.

나는 씨앗에 대한 믿음을 가지고 있다.

당신에게 씨앗이 있음을 내게 확신시켜 달라.

그러면 나는 놀라운 일을 경험할 준비를 하겠다.

헨리 데이비드 소로우Henry David Thoreau

씨앗과 믿음을 준비하세요.

그러는 가운데 당신은 평화의 중심을 찾게 될 것입니다.

자비의 씨앗을 뿌리세요.

모든 존재를 다 포섭하는 비옥한 의식 속에

자비가 흘러 들어가게 하세요.

영원한 현재에 존재하면서

자비가 안식처가 되고, 집이 되고, 휴식처가 되게 하세요.

당신에겐 고요히 쉬며

마음을 다잡을 수 있는 휴식처가 있나요?

먼 곳에서 찾지 마세요. 바로 당신 안에 있으니까요.

투우장 한편에는 싸움을 하던 황소가

잠시 들어가 쉬는 보이지 않는 구역이 있다.

황소는 자신이 정한 그곳에 들어가 숨을 고르며 힘을 모은다.

다시 기운을 차린 황소는 계속 싸움을 한다.

투우사는 황소가 정한 그 휴식처가

어디인지 알아야만 한다.

그래야 다시 황소가 기운을 차리고

전열을 가다듬지 못하게 할 수 있다.

황소만 아는 그 자리를 스페인어로 퀘렌시아querencia라고 한다.

인간에게 이 퀘렌시아는 바로 내면세계의 안식처이다.

누구라도 자신만의 퀘렌시아를 찾으면

온유함과 화평함을 되찾을 것이다.

그곳에서 다시 기운을 얻는 것이다.

레이첼 나오미 레먼Rachel Naomi Remen

자비의 씨앗을 뿌리세요.
자신에 대한 믿음을 준비하세요.
잎이 나고 열매를 맺을 것입니다.
부디 잊지 마세요,
모든 것이 내 안에 있다는 사실을.

고요한 마음으로 균형 잡힌 감각을 가지세요.

그러면 더욱 선명해진 세상이 당신 앞에 나타날 거예요.

그 고요함의 중심에서 당신은

온전하게 삶 속으로 들어갈 수 있습니다.

그리고 당신의 내면은 자유로 충만해집니다.

고요한 물처럼 마음도 고요하게 만들 수 있다.

그리하여 사물의 고유한 모습을 알아채고

더욱 선명한 시각으로 순간을 바라보며

광폭한 인생일지라도

침착하게 제대로 대응할 수 있다.

윌리엄 버틀러 예이츠William Butler Yeats

한국전쟁 때의 일화입니다.

가는 곳마다 승리를 구가한 장군이 있었습니다.

어디를 가나 백전백승이었습니다.

그러던 어느 날,

한 마을에 그의 부대가 온다는 소식이 전해졌습니다.

그러자 마을사람들은 그 포악한 장군에게 화라도 당할까봐

모두 산으로 도망가버렸습니다.

마을은 텅텅 비게 되었죠.

정찰병은 사람들이 모두 산으로 피난을 가고

승려 하나만 남아

절을 지키고 있다고 보고했습니다.

그러자 장군은 절을 찾아가 군화도 벗지 않은 채

법당으로 성큼성큼 걸어 들어갔습니다.

"너는 내가 누군지도 모르는가?

나는 눈 하나 깜짝 않고 너를 단숨에 벨 수 있는 사람이다."

그러자 참선을 하던 스님은 고개를 들어 그를 쳐다보더니

이렇게 대답했답니다.

"그러시오?

나는 당신이 날 베어도 눈 하나 깜짝하지 않는 사람이오."

그러자 장군은 스님에게

공손하게 절을 하고는 말없이 그곳을 떠나갔습니다.

넓고 큰 안목으로 세상을 볼 때 지혜가 찾아옵니다.

우리 삶은 시간의 경계가 없는

우주와 은하계 속에서 펼쳐지지요.

그리고 빛과 어둠, 삶과 죽음, 기쁨과 슬픔의 순환 속에서

우리는 별들과 만나게 됩니다.

아직 태어나지 않은 듯, 모태에 있는 듯,

어린아이인 듯, 노인인 듯, 죽어버린 사람인 듯,

그리고 저 세상 사람인 듯 생각해보라.

단 한 번에 모든 시간과 장소,

모든 실체와 위대함을 마음속에 담아두라.

그러면 신성한 눈으로 세상을 보기 시작할 것이다.

헤르마스 트리스메기스투스Hermas Trismegistus

크게 보세요. 인생이 즐거워집니다.

당신은 여덟 살 소년입니다.

일요일 저녁, 평소 같으면 잠자리에 들 시간이지만

오늘은 왠지 여유가 있습니다.

좀더 가족과 어울려도 좋을 느긋한 시간이지요.

가족들은 거실에 앉아 모노폴리 게임을 하고 있네요.

이제 제법 컸다고 당신도 그 게임에 끼워줍니다.

그런데 이런, 당신은 번번이 지고 맙니다.

쌓아놓은 머니 칩들이 사라져갈 때마다

당신 속도 타들어갑니다. 당신이 쌓아둔 거리의

집들이 야금야금 먹혀들어갑니다.

드디어 마지막 거리마저 팔리고 말았습니다.

입이 쓰고 속이 타들어갈 때,

그 순간 당신은 불현듯 깨닫습니다.

그것은 그저 하나의 게임이었다는 사실을 말입니다.

순간 매우 기뻐서 벌떡 일어나다가

그만 옆에 있던 탁자를 넘어뜨리고 맙니다.

탁자 위에 있던 찻잔도 와르르 쏟아지네요.

엄마가 눈을 흘겨도

잠자리가 있는 이층으로 올라가는 당신은

날아갈 듯 기분이 좋습니다.

아무것도 갖고 있지 않다는 것,

아무것도 소유하고 있지 않은

즐거움을 깨달은 것입니다.

무소유의 자유를 말입니다.

웨터링 Janwillem van de Wetering

무상한 세계의 흐름을 느끼며 숨 쉬고 휴식하세요.

우리는 영원한 현재에서 안식할 수 있습니다.

아무리 힘들어도 안식의 집에서 쉴 수 있습니다.

우리 앞에는 아주 특별한 것이 준비되어 있네.

바다 속 3천 미터 아래,

큰 파도에 열심히 물갈퀴를 저으며 달리는

한 마리 집오리.

대서양 큰 파도의 움직임 속에서 오리는 바다와 한 몸.

바다가 출렁이면 집오리도 안식하네.

바다가 곧 그의 집이므로.

바다가 얼마나 큰지 모를 수도 있으리.

그대도 마찬가지일터.

다만 바다를 실감할 뿐.

나 그대에게 묻노니,

집오리가 바다에서 무엇을 하느냐고.

그는 그저 바다에 앉아 있을 뿐.

바다가 무한한 양 그 자리에서 안식할 뿐.

바다는 무한 그 자체라네.

집오리가 지닌 것, 바로 그것이 종교라네.

그대는 어떠한가?

도날드 밥콕 Donald C. Babcock

인생이 즐거워집니다.
크게 보세요.
넓게 보세요.

그리고 지금
크게 말하세요.
무소유의 자유를!
다시 무소유의 자유를!

불교에서는 덧없고 무상한 이 세계를
이렇게 말합니다.

새벽녘 별,
장마철 먹구름 속에 빛나는 번개,
메아리,
무지개,
환영,
꿈.
금강경

당신에게 살 날이

얼마 남지 않았다고 생각해보세요.

사소한 일상의 귀중함을,

지금 이 순간의 소중함을 느끼게 될 겁니다.

석양의 눈부신 빛깔, 가을 녘 붉은 단풍나무,

사랑하는 사람의 다정한 눈길….

단 하나의 세계가 있다.

지금 이 순간 당신을 압박하는 것은 단 하나의 세계다.

당신이 살아 숨 쉬는 이 순간도 단 하나다.

이 순간은 바로 지금이다.

제대로 살아가는 단 한 가지 방법은

매순간 일분일초를 두 번 다시 반복되지 않을

기적으로 받아들이는 것이다.

스톰 제임슨 Storm Jameson

우리가 어디에 있든

진정 현재에 살고 있다면 평화를 얻을 수 있습니다.

도에 중심을 둔 자는 원하는 곳

그 어디라도 아무런 위험 없이 갈 수 있다.

그는 고통의 한가운데서도 우주의 조화를 인식한다.

자신의 내면에서 이미 평화를 발견했기 때문이다.

도덕경

평화의 연습

평화를 가지고, 평화를 가르치며,

평화 속에서 사는 것을 두려워하지 마십시오.

평화는 인류역사에서 최후의 언어가 될 것입니다.

요한 바오로 2세

모든 것이 잘될 것이다. 모든 존재가 다 잘될 것이다.

노비치의 줄리안

이제 당신은 평화를 더욱더 계발하게 됩니다.

눈을 감고 편안한 자세로 앉습니다. 호흡에 주의를 기울이고 몸과 마음을 편안하게 하세요. 그런 다음 마음이 균형 감각을 되찾을 때의 기분을 느껴보세요. 그 평화의 마음을 당신 주변의 세계로까지 키울 수만 있다면 얼마나 좋을지, 얼마나 크나큰 은총일지 상상해보세요. 내적인 균형과 편안함을 느끼게 될 겁니다. 자, 깊게 호흡하면서 이렇게 읊조리세요.

들숨으로 내 몸을 쉬게 합니다.
날숨으로 내 마음을 쉬게 합니다.
나는 균형을 잡습니다.
나는 평화롭습니다.

몸과 마음에 평정함이 느껴질 때까지 이렇게 읊조립니다.

균형과 평화를 더욱더 키워나갑니다. 모든 것들은 한 번 왔다가 사라진다는 사실을 잊지 마세요. 기쁨, 슬픔, 즐거움, 고통, 사람, 동물, 나라, 모든 문명들은 한 번 왔다가 사라져 가는 것들임을 인정하세요. 그들 한가운데서 휴식하세요.

나는 늘 열린 마음을 갖습니다.
나는 균형 잡힌 마음을 갖습니다.
나는 평화로운 마음을 갖습니다.

마음의 평화를 이루었다면 한 번에 한 사람씩 사랑하는 사람을 떠올리며 이렇게 읊조리세요.

모든 사물은 균형과 평정을 가지고 왔다가
지나가는 것임을 깨닫길 바랍니다.
늘 열린 마음과 균형 잡힌 마음
그리고 평화로운 마음을 갖기를 바랍니다.

계속해서 사랑하는 사람이 평화 속에 둘러싸여 있는 모습을 그려보세요. 가능한 오래도록 반복해서 호흡하고 인내심 있게 평화를 기원하세요. 마음속에 이런저런 잡생각이 떠올라도 계속해서 기원하고 또 기원하세요.

균형감과 평화가 더 자라게 되면 이제 다른 사람의 평화를 위해 명상의 범위를 넓혀갑니다. 먼저 당신을 배려하고 아끼는 사람부터 시작하는 게 좋겠지요. 한 사람씩 떠올리며 그들의 평화를 기원하세요. 그런 후 친구, 이웃, 동물, 지구상의 모든 존재까지 뻗어나가 그들의 평화를 기원하세요.

모든 사물은 균형과 평정을 가지고 왔다가
지나가는 것임을 깨닫길 바랍니다.
늘 열린 마음과 균형 잡힌 마음
그리고 평화로운 마음을 갖기를 바랍니다.

마지막으로 당신을 힘들게 했던 사람과 적까지 포함해보세요. 그들 한 사람 한 사람을 떠올리며 모든 존재가 자신이 지은 업의 주인이라는 사실을 상기하세요. 모든 존재는 자신의 업보를 받게 된다는 사실을 인식하세요. 저마다 언젠가는 자신이 지은 행동의 결과를 받게 되어 있습니다. 당신이 그들의 삶을 배려하고 기원할지라도 그들을 대신해서 행동할 수는 없습니다. 대신 사랑해줄 수도 없습니다. 그들을 위해 이렇게 기원하세요.

나의 열망이나 바람에도 불구하고 당신의 행복과 고통은 당신의 행동에 달려 있습니다.

지혜를 키우면서 한 사람 한 사람을 떠올리며 계속 기원하세요.

당신이 화평한 마음속에서 안식을 찾게 되길 바랍니다.

당신이 균형과 평화를 얻게 되길 바랍니다.

당신이 모든 세상사 속에서 자비와 균형을 얻게 되길 바랍니다.

가능한 자주 그리고 오래도록 연습하세요. 호흡하고 휴식하면서 거대한 평화에 당신의 존재를 의탁해도 좋습니다.

균형과 평화를 확장하기 위한 다른 방법들도 있습니다.

이제 소개할 방법은 아주 선명한 마음과 개방된 마음을 갖게 해줄 것입니다. 또한 지혜와 광대함(열려 있을 공간과 여지) 그리고 평화를 가져다줄 것입니다. 하나하나 실천해보세요. 당신에게 자유에 이르는 길을 안내할 것입니다.

바다 되기

마음은 바다처럼 광대하다.

기쁨과 슬픔은 모두 그 안에서 나타났다 사라진다.

결코 마음에 해를 주거나 갈등을 일으키지 못하는 법.

그러니 광대한 바다와 같은 마음에 휴식하라.

붓다

편안한 자세로 앉습니다. 몸을 편하게 한 상태로 자연스럽게 호흡하세요. 눈은 지그시 내려 감고 깊게 숨을 들이마신 후 천천히 내뱉습니다. 무엇보다 편안한 자세와 마음이 중요합니다.

이제 당신 마음은 커다란 바다입니다. 바다를 상상해보세요. 깊고 고요한 바다 속에 있다고 상상하고 마음을 차분하게 가라앉힙니다. 자, 이제 당신은 깊은 바다 속에 있습니다. 그 속에는 온갖 소리, 감정, 생각이 그저 부유물처럼 이리저리 떠다닐 뿐입니다. 그러나 바다는 결코 흔들리지 않습니다. 생각과 이미지들이 바다의 파도처럼 왔다가는 모습을 그려봅니다. 소리와 감정들이 바다 위에 떠다닙니다. 모든 감정과 경험들이 다 바다 위에 떠오릅니다. 저항하지 마세요. 그저 나타났다 사라지도록 놔두세요.

이제 깊고 고요한 평화 속에서 휴식해도 좋습니다. 당신의 마음은 잔잔한 물과도 같습니다. 모든 것을 품으면서도 흔들리지 않습니다.

당신은 이제 평화입니다. 새로워진 당신은 이제 그 평화로운 마음을 그대로 지닌 채 천천히 다시 현실세계로 돌아옵니다. 고요함과 평화가 현실까지 이어지도록 말입니다.

거울 되기

마음의 거울을 깨끗이 하라.

거울이든 마음이든

그 위에 쌓인 먼지만 털어내면 된다.

선의 가르침

편안하게 앉아서 휴식을 취합니다. 마치 땅위에 앉아 있는 듯 여기세요. 깊게 숨을 들이마신 후 길게 내쉽니다. 더욱더 편안해짐을 느낄 것입니다.

현재의 당신에게 집중하세요. 마음이라는 거울 앞에 서있다고 상상하세요. 당신은 지금 깨끗이 윤이 나며 유리처럼 반짝이는 거울 앞에 서 있습니다. 그 거울은 당신의 모든 것을 그대로 비추어냅니다.

모든 형상과 생각, 기쁨, 즐거움, 계획, 기억들을 있는 그대로 그 거울에 비추어보세요. 판단하지 말고 집착할 필요도 없습니다. 싫어할 이유도 없습니다. 생각, 감정, 주변의 소리 등 모든 것이 그저 하나의 이미지로

거울에 비춰질 뿐입니다. 잠시 동안 그 거울을 쳐다보며 평안함을 구하

세요. 그 평안함을 그대로 지닌 채 천천히 다시 현실세계로 돌아옵니다.

하늘 되기

마음은 우주처럼 광대하다.

기쁨과 슬픔은 모두 그 안에서 나타났다 사라진다.

결코 마음에 해를 주거나 갈등을 일으키지 못하는 법.

그러니 광대한 하늘과 같은 마음에 휴식하라.

붓다

몸을 편안하게 하고 깊게 호흡합니다. 눈을 감거나 먼 곳을 지그시 응시합니다. 몇 차례 깊게 숨을 들이마신 후 부드럽게 내쉽니다.

이제 천천히 의식을 호흡에서부터 다른 곳으로 옮겨봅니다. 먼저 주변의 소리에 귀 기울여볼까요. 크고 부드러운 소리, 멀리서 들리는 소리, 가까운 곳에서 들리는 소리에 귀 기울여보세요. 그 소리들이 아무런 흔적도 남기지 않고 나타났다 사라지는 것을 지켜보세요. 아주 편안하고 열린 마음으로 그 순간에 귀를 기울이면 됩니다.

어느 순간 소리를 듣는 것이 당신 귀에만 한정되지 않는다는 것을 느끼게 됩니다. 당신 마음은 하늘처럼 열려 있고 분명하며 우주처럼 광대하다는 것을 체험하게 됩니다. 너른 하늘에 안과 밖의 구별은 없지요. 하늘처럼 너른 마음, 바로 당신의 것입니다.

이제 그 하늘과 같은 마음에서 소리가 일어나 널리 퍼져나간다고 생각해보세요. 그 열린 우주공간에서 휴식하세요. 그냥 귀만 기울이면 됩니다. 왔다가 지나가는 소리, 가까운 곳이나 먼 곳에서 오는 소리. 광대한 우주와 하늘에 떠 있는 구름과 같은 것들. 하늘을 가로지르고, 아무런 저항도 없이 그저 생겨났다가 또 아무런 흔적도 없이 사라지는 것들.

생각과 형상들도 아무런 저항 없이 왔다가 사라지도록 놔두세요. 기쁘거나 슬픈 생각, 말과 감정 모두 그저 너른 마음의 하늘에서 제 뜻대로 떠다닐 뿐입니다. 어려움과 가능성, 기쁨과 슬픔 역시 창공의 구름처럼 하늘을 천천히 흘러갈 뿐입니다.

이제는 그런 의식들을 통해 몸에 주의를 기울여보세요. 호흡과 몸의 감각들이 하늘을 떠다니며 자연스럽게 변하도록 가만히 내버려두세요.

호흡은 이제 따뜻한 봄날의 미풍이 됩니다. 몸은 더 이상 경직되지 습니다. 딱딱함과 부드러움, 따뜻하고 시원한 느낌, 압박감과 간지러움… 그 모든 느낌들이 정신의 공간에서 떠다닐 것입니다.

영혼을 식혀주는 미풍을 맞으며 이제 휴식하세요. 모든 생각, 이미지,

감정, 소리가 선명하고 열린 의식의 공간에서 구름처럼 오갈 것입니다. 마지막으로 의식 그 자체에 주의를 기울여보세요. 의식의 열린 공간이 선명하고 투명해지며, 시간을 초월하고, 갈등이 없게 되는지 바라보세요. 그리고 모든 사람을 당신 마음속에 허락하세요. 그렇다고 종속되지는 마시고요.

그대 안에 참된 불성이라는

하늘이 있음을 명심하라.

그곳으로 돌아가라. 그곳을 신뢰하라.

그곳이 바로 그대의 집이다.

붓다

아래의 명상문은 용서, 사랑, 내면의 자유를 일깨우는 데 도움이 될 것입니다.

당신이 안녕하기를.

당신이 행복하기를.

당신이 평화 속에 깃들기를.

당신의 마음속 축복을 통해서

모든 세계가 평화를 찾게 되길 기원합니다.

벗이여, 슬픔과 기쁨을 넘어
당신이 자신을 믿을 수 있기를 기도합니다.
당신에게 평화가 깃들기를 바랍니다.
당신이 부디 행복하기를 기원합니다.

EPILOGUE 오래된 새로운 것들을 위하여

이 책에 나오는 이야기 중 더러는 다른 책을 통해서 소개된 것들도 있을 겁니다. 그러나 그 이야기들은 특정한 개인의 것이 아니라, 우리 모두가 보편적으로 가진 유산이자 수대를 거쳐 전해져오는 생생한 지혜입니다. 더불어 어려서부터 모닥불 주위에서, 비밀스런 경전이나 스승으로부터 받은 가르침입니다. 물론 그 가르침들은 전혀 새로울 것이 없는 것들이기도 합니다. 그러나 또한 우리 인간 내면의 이야기들이자, 우리 모두가 공동으로 소유하는 출입문이기도 합니다. 다른 책에서 이미 소개했던 이야기들에 대해서는 그 저자와 번역자에게 고마움을 표시하고 싶습니다.

당신에게 평화가 깃들길 기원합니다.

이제 깊고 고요한 평화 속에서
휴식해도 좋습니다.
당신의 마음은 잔잔한 물과도 같습니다.
모든 것을 품으면서도 흔들리지 않습니다.

감사의 글

우선 제게 가르침을 주신 스승께 감사드립니다. 그리고 캄보디아의 간디라 불리는 마하 고사난다 스승께 특히 감사의 말씀을 전하고 싶습니다. 그분은 지금도 수많은 사람들에게 사랑과 자비를 실천하고 계십니다.

여기서 소개한 명상은 대부분 불교의 전통 수행법들입니다. '하늘 되기', '화해하기'과 같은 명상수행법에 대해서는 조셉 골드스타인Joseph Goldstein과 필립 모핏Philip Moffitt으로부터 많은 가르침을 받았습니다. '감사하기'에 대해 귀중한 말을 해준 노만 피셔Norman Fischer에게도 감사의 마음을 전합니다. 그밖에도 귀한 가르침을 주신 많은 스승들께 감사합니다.

반탐 북스Bantam Books의 편집자인 토니 버뱅크Toni Burbank는 명민한 마음과 밝은 눈으로 내 글을 다듬어주었습니다. 그 이상 훌륭한 편집자는 만나기 힘들 것입니다. 내 생각을 타이핑하는 데 도움을 준 줄리 도노반Julie Donovan에게도 감사합니다.

형제인 로렌스Laurence, 어브Irv, 케네스Kenneth, 아내인 리아나Liana와 사랑하는 딸 캐롤라인Caroline에게 받은 사랑과 감사 역시 나에게는 소중한 가르침이 되었습니다.

그냥 귀만 기울이면 됩니다.
왔다가 지나가는 소리, 가까운 곳이나 먼 곳에서 오는 소리.
광대한 우주와 하늘에 떠 있는 구름과 같은 것들.
하늘을 가로지르고, 아무런 저항도 없이
그저 생겨났다가 또 아무런 흔적도 없이 사라지는 것들.

오르막과 내리막, 그것이 삶이라는 것을 받아들인다면

2007년 9월 1일   1판 1쇄 펴냄
2017년 9월 15일 개정신판 1쇄 펴냄

지은이 잭 콘필드
옮긴이 정경란
펴낸이 김철종
책임편집 김성은
디자인 이찬미
마케팅 오영일
인쇄제작 정민문화사

펴낸곳 한언
출판등록 1983년 9월 30일 제1 - 128호
주소 03146 서울시 종로구 삼일대로 453(경운동) KAFFE빌딩 2층
전화번호 02)701 - 6911 **팩스번호** 02)701 - 4449
전자우편 haneon@haneon.com **홈페이지** www.haneon.com

ISBN 978-89-5596-811-8 03190

* 이 책은『놓아버림』의 개정신판입니다.
* 이 책의 무단전재 및 복제를 금합니다.
* 책값은 뒤표지에 표시되어 있습니다.
* 잘못 만들어진 책은 구입하신 서점에서 바꾸어 드립니다.

이 도서의 국립중앙도서관 출판예정도서목록(CIP)은
서지정보유통지원시스템 홈페이지(http://seoji.nl.go.kr)와 국가자료공동목록시스템
(http://www.nl.go.kr/kolisnet)에서 이용하실 수 있습니다.(CIP제어번호: CIP2017023262)